フランス女性に学ぶ エレガンス入門

「自分スタイル」をつくる17のレッスン

マダム由美子
Madame Yumiko

きずな出版

はじめに――
素敵な自分に会いに行きませんか？

――「エレガンス」は決して特別なものではありません――


「エレガンス」という言葉は、欧米では、美の最高の賛美の言葉といわれています。

日本の中での印象は、どうでしょうか。

「エレガンス」には、憧れているけれど、ちょっと近寄りがたい、お高くとまったセレブのイメージというお声も耳にします。

私は、幼い頃から「エレガント」な雰囲気のものが大好きで、これまで生きてきた50年近くの人生は、ずっと「エレガンス」を楽しみ、追求して過ごしてきました。

そして、「エレガンス美」に携《たずさ》わる仕事は28年間行ってまいりました。

その中で「エレガンス」の定義について、私なりに、ひとつ気づいたことがありました。

それは、「エレガンス」は決して特別なものではなく、限りなく自然体で「調和・バランス」がとれたもの。形でいうと凸凹《でこぼこ》した歪《ひずみ》がない球体。

日本が誇る自然界の美でたとえるならば、満開に咲く桜の花、凛《りん》とそびえ立ち、決して動じない富士の山のイメージでしょうか。

「エレガンス」の語源は、ラテン語で、「エルグレ（eligere）」。

意味は「注意深く選ぶ」という意味。「美」とは縁遠い意味であることに、私は最初驚きましたが、それよりも深い感動を覚えました。

それは、まさに、私が追求したいと考えていた美の在《あ》り方だったからです。

つまり、ほかと比較をしない自分らしい美しさを知り、選ぶことのできる審美眼を持ち、それを自然と表現できる「様」こそが私が真に求めていたエレガンスの姿です。

Oui, élégance? Non, élégance? という質問形式でわかりやすく解説

私はこれまで、日本を中心に、「エレガンスレッスン」を延べ4000人以上の方に指導してきました。

セミナー等でアンケートをとると、「いままでとは違う自分の中に眠る可能性を、どう引き出したらよいのかわからないし、それをどのように見つけたらいいの?」と悩む方がいらっしゃいます。

そのような方のために、私は、ある「きっかけづくり」としてご提案していることがあります。それが本書でお伝えしている「エレガンス入門」です。

いままで知らなかったエレガントなスタイルを知り、ちょっと取り入れてみるだけで、いままで考えてもみなかった自分のスタイルに気づくようになります。

そしてそれを、できそうな部分だけ、日々の生活の中でまねて実践していきながら、最終的には「自分の美の武器」にしていただくのが、このエレガンス入門の目的です。

「私、もっと素敵な女性になりたいけれど、え？　こんなとき、どうしたらいいの？」という お悩みを、「Oui, élégance? Non, élégance?」という質問形式で楽しく紐解《ひもと》いていきます。その「クエスチョン」に意味があります。

あなたの中で、「自分らしい美しさは何かしら？」と問いかけ、自分の美の感性を磨いていただくために最初に導入しているクエスチョン。

レッスンを体験しているような感覚で、本書を楽しみながらご覧いただけましたら嬉しく思います。

自分にふさわしいものを選び得る審美眼が磨かれたら、自分に自信が持て、まわりに振りまわされることなく、凛と力強く生きられる心のエレガンスも開かれます。どうぞ、ご自分の可能性を信じて、あきらめないでくださいね。

エレガンスは、生まれ持ったものではなく、〈学んで身につけることができる〉素晴らしいものです。

他と比較をしない自分らしい美しさを表現していく人こそエレガンス

日本では、「エレガントで素敵な印象の人」というイメージ像の中に、「フランス女性」が浮かび上がってくる傾向があるようです。実際、私もパリが大好きです。これまで何度もフランスに滞在し、フランスで仕事をしていく中で日本人女性が、フランスの女性たちに憧れを抱く意味が理解でき、その理由についてもさまざまな角度から研究してきました。

私が感じたフランスの女性たちは、「自分らしい美しさ」を大切にし、自分をとても好き！　と思っている人が多いことでした。

本書は、そんな「自分らしい美しさ」を追い求めているフランス女性の素敵なエッセンスを取り入れたエレガントスタイルにも着目し、「調和・バランス」をベースにしたエレガンスの在り方をプラスしたエレガンスの入門書です。

私が普段レッスンで指導している「エレガンス・メソッド」の特徴は、バレエの要素を取り入れたエレガントな立ち居振る舞いと、古き良き時代から受け継がれたエレガントな美の知恵を合わせ体系化したもの。

このエレガンス・メソッドの背景には、中世フランス国王ルイ14世（1643〜1715年）時代に培《つちか》われた「教養のための必須科目としてのバレエ学から広がったエレガンス」があります。

私たち日本人はいまや、洋服が日常着として定着している時代です。

このような時代だからこそ、日本人女性は、洋のエレガンスも教養として少し取り入れることで、洋服の着こなしや振る舞いも、より磨かれていくのではと感じております。

私の母はお琴や茶道の道を究《きわ》め、着物を愛している人でした。その環境から、私は和のエレガンスも幼い頃から自然にたしなむようになりました。

和と洋、両方のエレガンスを体験して育った私は、日本人は「調和・バランス」を重んじて、うまくアレンジすることができる才能に恵まれた民族であると感じるようになりました。

日本人として和のエレガンスも兼ね備えながら、和と洋、どちらもアレンジできるバランスのとれた美、それもひとつの自分らしい美しさになると感じております。

―「エレガンス」はあなたにとって「美のビタミン剤」となるもの―

私の仕事は、「エレガンス」をきっかけに、自分らしいオンリーワンの美しさを知り、自分を好きになり、自分に自信をもって、日々を過ごしていただくよう、お手伝いをすることです。

私は、「エレガント」になりましょう！　と申し上げているのではありません。先にも述べたようにエレガンスは、あなたらしい美しさを引き出す「きっかけ」「入り口」として取り入れてはいかがでしょうか。

いまのままでも十分素敵なあなたのプラスαの要素として加えていただき、より素敵に輝く毎日をお過ごしいただく「美のビタミン剤」として、エレガンス入門書をご活用いただければ、私はこんなに嬉しいことはありません。

フランス女性に学ぶエレガンス入門　目次

Lesson 2

フランス女性のボディ

Lesson 3

フランス女性のストレッチ（ダイエット）

Lesson 7

フランス女性のしぐさ

Lesson 8

フランス女性のテーブルマナー

Lesson 14

フランス女性の香り

Lesson 15

フランス女性の美容（メイク＆ヘアー＆ネイル）

Lesson 16

フランス女性の花

Lesson 17

フランス女性のアイデンティティ

フランス女性に学ぶエレガンス入門——「自分スタイル」をつくる17のレッスン

Lesson 1

フランス女性のスタイル（姿勢）

肩が開いている人、閉じている人、どちらがウイ！ エレガンス？

Oui, élégance? Non, élégance?

エレガンスなのは、「肩が開いている人」です。

肩が開いている人は、胸元もスッと開き、姿勢がよく美しさが増して見えます。

肩が閉じている人は、背中が丸まり、猫背気味に見え、残念ながら姿勢が悪い人に見えます。さあ、ご一緒にイメージしてみましょう。どちらが、素敵かしら？

私がこれまで出会ったフランス女性は、肩が開いて姿勢よく、普通のＴシャツにジーンズ姿がとても洗練されて、おしゃれに見えました。

肩が開いているだけなのに、Ｔシャツ姿がおしゃれに見えるなんて、まさに魔法のようです。そう、彼女たちは、まるで、「○○」のような開いた肩で、Ｔシャツを着こなしていたのです。

「〇〇のような開いた肩」とは――それは、「ハンガーのような開いた肩」です。

ハンガーのような肩ライン。世界中の服売り場にあるハンガーは、服のラインがきれいに見えるから使用しているのだと、フランス女性の美しい肩ラインを見て感じました。

あなたの肩ラインも、ハンガーのように見立ててしまえば、フランス女性のように服の着こなしもグンとアップします。

肩をハンガーラインにするポイントは２つ。

①　肩を下げる
②　肩甲骨《けんこうこつ》を１センチ内側に寄せる

そして、肩が開いていると健康面にもよい影響を与えます。

肩が閉じて丸まった姿勢は、内臓を圧迫し、呼吸も浅くなりがち。肩を開くと内臓のまわりに自然と空間ができ、呼吸もラクになり、心身ともにリラックスできます。

「健康」も「美」も両方バランスよく手に入れている人が、ウイ！エレガンスです。

Oui, élégance? Non, élégance?

首が伸びている人、曲がっている人、どちらがウイ！ エレガンス？

エレガンスなのは、「首が伸びている人」です。

首が曲がって頭がニュッと前に突き出ている人は、8歳は老《ふ》けて見えます。とてももったいないですね。

首は実年齢ではなく、「見た目の年齢」がもっとも出るところ。真夏、パリの街で見かけるフランス女性の首筋は、きれいにスッと伸びています。

無造作に巻き上げたアップスタイルでも、首筋がスッと伸びているだけで、アップスタイルが似合う〝うなじ美人〟に見えます。

暑い夏でも、スッと伸びた首筋は、とても涼しげです。

首筋が伸びているかどうか、あなたがいつでも簡単にチェックできる2つのポイントをお教えしましょう。

① 鏡を前に真横に立つ
② 鏡で真横を見ながら、あなたの肩の真上に耳たぶが位置するよう、首筋の傾きをまっすぐ整える

お化粧室に行ったときなど、メイク直しとともに、首筋直しも一緒にチェックすると、「首のエレガンス癖」も身について一石二鳥です。

首が前に出ていると、4キロほどあるといわれている重たい頭を首から肩にかけて支えることになり、その結果、ひどい肩コリで悩まされたり、肩にもっこりとしたお肉がつきやすくなります。

首や肩にこれ以上、負担をかけないためにも、首筋が伸びているウイ!エレガンスをめざしましょう。

お腹を締《し》めている人、出している人、どちらがウイ！ エレガンス？

Oui, élégance? Non, élégance?

エレガンスなのは、「お腹を締めている人」です。

お腹を締めている人は、同時に背中も締まっているので、からだのラインが、立体的にとても美しく見えます。

中世フランスでは「背中の教養」「ウエストの教養」という言葉がありました。

高貴な家に生まれた子女たちは、幼い頃からウエストが細ければ細いほど、教養があるとされ、早くからコルセットを身につけ、また背中が大きく開いたドレスを着こなすためにも、背中のラインを美しく保つ矯正器具を身につけるほど、３６０度の腰まわりに関心が高かったようです。

Lesson 1

フランス女性のスタイル（姿勢）

その名残《なご》りは、今日のフランス女性にも受け継がれているように私は感じます。

そこで、あなたのウエストがくびれる、とっておきの魔法のストレッチをお教えしましょう。

それは、世界3大バレエのひとつ「白鳥の湖」から命名した「白鳥の舞ストレッチ」。優雅でカンタンにできますよ。

① 左右の肩甲骨を寄せるように両腕をまるで白鳥のように肘をやわらかくゆっくりと動かす

② 腕を少しずつ後ろのほうに動かしていくと背中のお肉の存在を認識でき、背中のラインを整えることができる

見えない背中に意識を向けられる人こそ、ウイ！エレガンスです。今日から、「前3対後ろ7」の意識で過ごしましょう。

Lesson 1

フランス女性のスタイル（姿勢）

◉紅茶をいただきながらブレイクタイム

レッスン1

「フランス女性のスタイル（姿勢）」を終えて あなたはどんな花になりたいですか？

想像してみましょう。
花のスタイルからあなたらしい美のスタイルのヒントが見出せます。
そう、まるで芍薬《しゃくやく》のように高貴な、エレガンスが身につきます。

芍薬の花ことば「謙遜」「威厳」

Lesson 2

フランス女性のボディ

Oui, élégance? Non, élégance?

からだが華やかな人、からだが地味な人、どちらがウイ！エレガンス？

エレガンスなのは、「からだが華やかな人」です。

からだが華やかな人は明るい印象に見え、服もセンスよく着こなしている人のように映ります。

「からだが華やかな人」とは、体幹（ボディ）のまわりにある、首・腕・脚がまるで花びらがふわっと開くように華やかに開いている状態の人、というのが私の持論です。

フランス女性は「ボディを華やかに魅せる」ことを自然と理解し、実践しているように感じます。だから萎縮《いしゅく》していなくて、凛とした雰囲気に見えます。

実は、誰にでも「華」があります。もちろん、あなたにもです。

Lesson 2

フランス女性のボディ

自分には華がないという人は、それを生かしていないだけのように感じます。

私が日々指導している生徒さんのアンケートを見ると、意外と多いのが、自分に自信が持てるようになりたいというお声。

自信がないという気持ちの場合、からだは内側に閉じた状態になっている場合が多いです。

からだと心はつながっています。

心が「自信がない」と萎縮している状態のときは、からだも萎縮しています。

そこで私は日頃より、自信がないという生徒さんには、「心をいますぐ変えるのは難しいので、まずは、からだを解放し、華やかに変えましょう」とアドバイスしています。

「からだから入って心にアプローチしていく」というのが、私のエレガンス・メソッドの特徴。これは、自分のボディの変化を目で直接確認できるので、心の変化も早くに期待できます。

それでは、あなたのからだが華やかになる方法を、これからお教えしましょう。

ポイントは、からだのある部位を太陽の光があたるように開いてみるということです。

そう、あなたのからだが、まるで花のように開くイメージです。

あなたの胸元（デコルテ）を開き（具体的には肩甲骨を1センチ、中に寄せる感じ）、その部位に、太陽の光があたるのを想像してみます。

そしてゆっくり鼻呼吸をしてください。

鼻先を斜め45度上に向ける状態です。花びらのように開かれたボディをつくるのが、華やかなからだになるコツです。

腕を出す人、腕を隠す人、どちらがウイ! エレガンス?

Oui: élégance? Non, élégance?

エレガンスなのは、「腕を出す人」です。

腕(二の腕)を出すことは、少し恥ずかしく勇気がいることですが、それは、自分のありのままの姿を隠さず、正直にアピールするという表現法のひとつ。

冬のパリ、レストランに行ったとき、コートの下にはノースリーブのワンピースをお召しのフランス女性がいました。

また、フランス女性のホームパーティにお邪魔したときも、集《つど》ったフランス女性の多くが、真冬なのにノースリーブだったことがとても印象的だったことを覚えています。

フランス女性は、実生活では無駄を好まず、あくまでもシンプル。そして、とても堅実です。

その考え方は、ボディの見せ方にも反映されているように思います。

人間の外観の礎《いしずえ》である素のボディそのものを磨けば、華美な装飾をたくさんつけなくても、シンプルで自分らしい美を表現できるという考え方。

「自分のことが大好きなフランス女性」は、自分の外観の基礎であるボディの大切さを知っているからこそ、腕を出すことに躊躇《ちゅうちょ》しないのではないでしょうか。

シャンゼリゼ通りからちょっと入ると、モンテーニュ通りがあります。私はその道をブラブラと歩くのが好きなのですが、以前、80歳ぐらいのパリマダムが、ノースリーブのワンピースを着て、犬のお散歩をしている姿を見かけました。そのマダムは、とてもハツラツとしていて、生活をエンジョイしているようでした。

「腕を出す」という行為は、自分に自信があるという心の表れでもあるように、私は思います。

「後ろ向きになっている心を、ちょっと開きたい!」という方、ノースリーブの服にチャレンジして腕を出してみては、いかがでしょうか。

Lesson 2

フランス女性のボディ

Oui, élégance? Non, élégance?

からだのくびれを知っている人、知らない人、どちらがウイ！ エレガンス？

エレガンスなのは、「からだのくびれを知っている人」です。

からだのくびれは、女性の美しさを象徴する部位です。この「くびれ」効果をフランス女性は知っています。

パリのカフェでフランス女性を観察していると、2つの特徴があるように感じました。

① 「からだのくびれ」を強調すること

② 「からだのくびれ」を隠さないこと

Lesson 2

フランス女性のボディ

「からだのくびれ」とはどういう部位か、あなたはご存じですか？

それは、5か所あります。

「首の付け根」

「腕の付け根」

「手首」

「ウエスト」

「足首」

要するに、からだの関節部位にあたるところです。その部位を意識した見せ方は、実は、「華奢《きゃしゃ》見せポイント」でもある部位なのです。

また、その部位をよく動かす生活をしていると、実際にボディが締まってくるので、より女性らしいボディラインをつくることができます。

太っている、痩せているという状態とは関係なく、この「5つのからだのくびれ」を意識するだけで、あなたのボディラインは、ウイ！エレガンスに変わっていきます。

まずは、あなたの1か所の「からだのくびれ」から、意識して強調してみませんか？

◉紅茶をいただきながらブレイクタイム

レッスン2

「フランス女性のボディ」を終えて あなたはどんな花になりたいですか？

想像してみましょう。
花のスタイルからあなたらしい美のスタイルのヒントが見出せます。
そう、まるでラナンキュラスのようにやさしい、エレガンスが身につきます。

ラナンキュラスの花ことば「晴れやかな魅力」

Lesson 3

フランス女性のストレッチ（ダイエット）

股関節が動く人、動かない人、どちらがウイ! エレガンス?

Oui, élégance? Non, élégance?

エレガンスなのは、「股関節が動く人」です。

股関節が動く人は、日常の動きにしなやかさが生まれ、代謝が上がるからだをつくることができます。うれしいことに、それはダイエットが期待できるからだになれるということです。

股関節は、下半身の中でもリンパが集中している部位。リンパが集中している部位を動かす生活を行っていると、滞《とどこお》りのない、きれいなボディを効率よく普段の生活の中でつくっていくことができます。

おしゃれなフランス女性は、ファッションを確立するうえで、ボディに対する美意識は

Lesson 3

フランス女性のストレッチ（ダイエット）

不可欠とし、自分流のボディメンテナンスを日々行っています。

フランス女性を観察していて感じるのは、股関節をよく動かしているということです。

パリのメトロを歩く姿は、まさに「股関節を前に押し出して歩いているよう」に見え、歩き方もしなやかで颯爽《さっそう》としています。

私の経験から、股関節がよく動くようになると、グラつきなども防げ、ケガもしにくいです。

解剖学的な見地から、股関節の可動域は、持病の人でない限り、ほとんどの人は、右45度、左45度だそうです。

股関節の可動域を少しずつ広げるストレッチをしていると、骨盤の動きも滑らかになり、歪《ゆが》みの解消にもつながります。そして、出産までもラクになるような期待ができます。

私は、このストレッチをしつづけ、初産で、娘を5時間半で産みましたし、私が指導する生徒さんでも、何人もがお産がラクにできたと笑顔で報告してくれました。

ストレッチは、カンタンです。

①　かかと同士、つま先同士をくっつけて立ち、かかとはつけたまま、右のつま先を45度、左のつま先を45度開く

最初は洗面台や椅子の背、壁につかまって行ってくださいね。

②　次に、①の状態から、お尻を突き出さないよう、ゆっくりと膝を真横に折り曲げる

このとき、股関節から、太ももの内側がピリピリきていたらOKです。

これはバレエ風スクワットで、バレエ用語では「プリエ（plié：膝を曲げる）」といいます。フランス王ルイ14世が編み出した、からだが美しく、しなやかに動けるための基本的なバレエストレッチです。

Lesson 3

フランス女性のストレッチ(ダイエット)

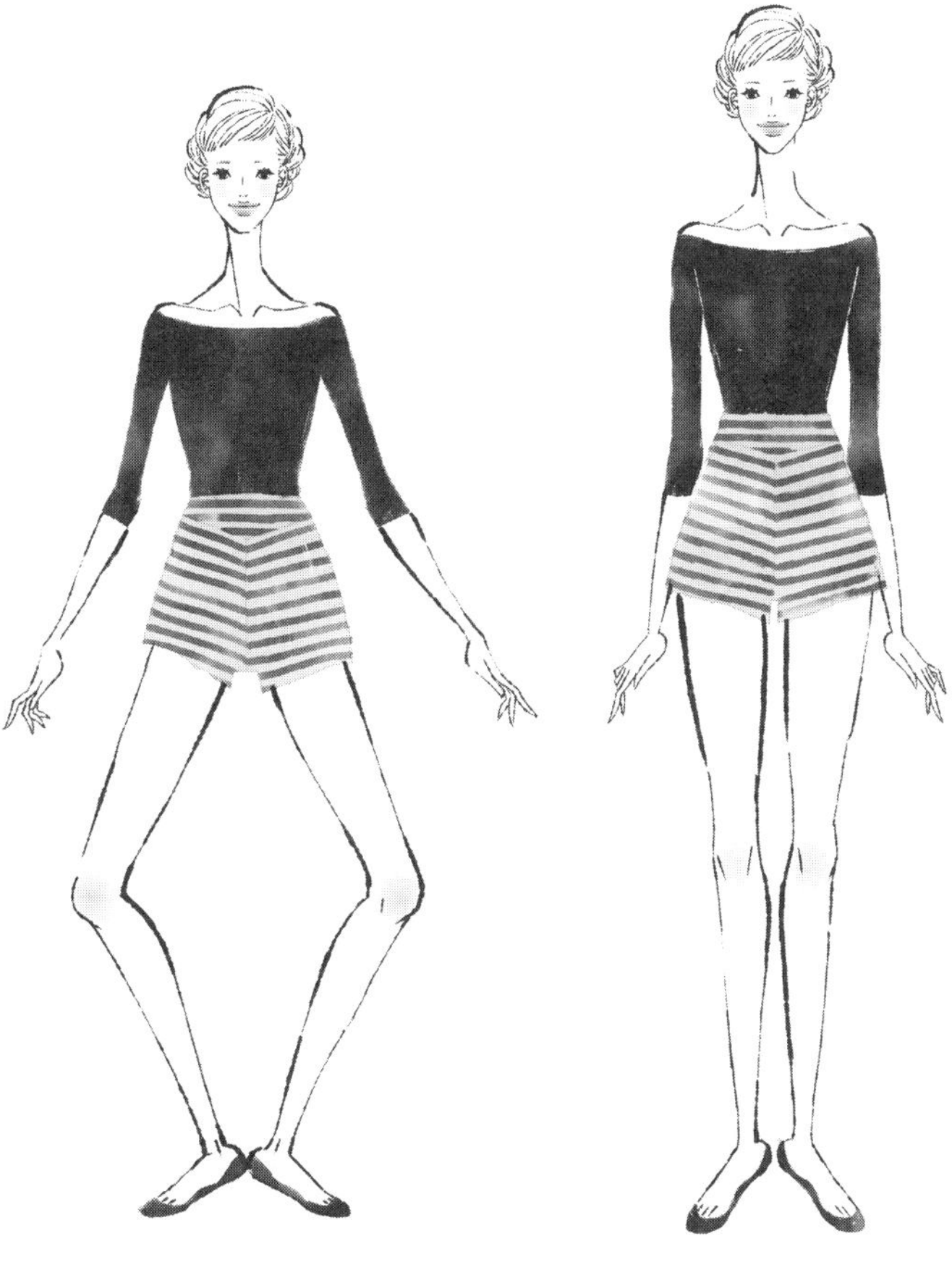

肘《ひじ》を上げている人、肘を使わない人、どちらがウイ！ エレガンス？

Oui, élégance? Non, élégance?

エレガンスなのは、「肘を上げている人」です。

腕がボディにつかないほうが、姿勢がよく見え、背中の筋肉も使えるからです。

背中には、最強の美の筋肉（脊柱起立筋《せきちゅうきりつきん》）があります。

私はこの筋肉を「エレガンス筋」と言っていますが、その筋肉は別名「姿勢を保つ筋肉」とも呼ばれ、さらには代謝を上げる「ダイエット筋」でもあります。

この筋肉を、ほとんどの人が知らず、活用しきれていません。なんともったいないことでしょう。

あの細く美しいバレリーナのからだの秘密は、実はこの「脊柱起立筋」を使っているからなのです。その筋肉を使えると、あなたの背中がとても美しくなります。

前姿だけでなく、自分では確認しづらい後ろ姿に目が行き届いた美しい人は、ウイ！エレガンスです。

普段の生活の中で、背中を使えるようになるためには、肘の存在がとても大事です。

ストレッチやエクササイズは、フランス女性の生活の一部。

「洋服を素敵に着こなしたいから、ストレッチをするの」

とパリで生まれ育った友人は、私に話してくれました。

フランス女性の人生における本質的な「アティテゥード（姿勢）」は、無防備に老けることは選ばず、適度な自分に合ったエクササイズで、「錆《さ》びない体型を維持していくこと」を大事にしているようです。

それでは、あなたの背中が美しくなるための肘の使い方のポイントをご紹介しましょう。

それは、「脇の下にリンゴ1個分の空間をつくること」。

座っているとき、立っているとき、いつでも、肘を上げてできるエクササイズです。

足首を伸ばす人、伸ばさない人、どちらがウイ！　エレガンス？

Oui, élégance? Non, élégance?

エレガンスなのは、「足首を伸ばす人」です。

足首を伸ばす人は、むくみにくいスッキリした足をつくれるからです。

フランス女性は、ハイヒールを素足で履く人が多いです。

足とハイヒールが一体となり、その足元は、少し筋張った大人の足のラインが出ていて美しいです。

さらに足首にしっかりとくびれ（アキレス腱）があり、むくみ知らずの女性らしい華奢なラインが生まれています。

フランス女性は、ハイヒールが似合う足づくりを日々の生活で心がけ、足のメンテナンスをしっかりと行っているのでしょう。

足首は、リンパが集中している部位。その足首を動かすストレッチは、効率よく、むくみが解消できるのでオススメです。

このストレッチもとても簡単で、デスクワーク中でもこっそりできますよ。

ストレッチのポイントは、次の通り。

① 椅子に座って膝と足首をギュッと伸ばし、5秒キープ

② 膝を伸ばしたまま、足首だけ90度折り曲げて（つま先が天井に向いている状態）、5秒キープ

①②でワンセット。これを左右5セットずつ行ってください。

努力は才能に変わります。あなたの足首は次第にむくみが取れて、スッキリした美しい足ラインに変わります。そして、その足首をあなたらしい美の才能のひとつに加えて、楽しんでくださいね。ストレッチは無理なく続けていくと、「前向きな心の筋肉」もつけてくれるオススメの美の習慣のひとつです。

Lesson 3

フランス女性のストレッチ（ダイエット）

◉紅茶をいただきながらブレイクタイム

レッスン3

「フランス女性のストレッチ（ダイエット）」を終えてあなたはどんな花になりたいですか？

想像してみましょう。
花のスタイルからあなたらしい美のスタイルのヒントが見出せます。
そう、まるでガーベラのようにまっすぐな、エレガンスが身につきます。

ガーベラの花ことば「希望」「前向き」「美しさ」

Lesson 4

フランス女性の写真

Oui. élégance? Non. élégance?

真正面で写真を撮る人、斜《なな》めで写真を撮る人、どちらがウイ！ エレガンス？

エレガンスなのは、「斜めで写真を撮る人」です。

斜めで撮ると、あなたのからだが、よりスマートにスタイルよく見えます。

具体的には、からだに角度をつけるということです。

この角度によって、からだに光と影が生まれ、立体的に見えます。

真正面で撮ると、意外とボテッと横広がりに見えがちなのです。

写真は、後々残るもの。最近は、フェイスブック等の普及で、写真を撮ることが身近になっていますよね。写真に写る自分の美しい見せ方を知っていると、それもまた自信につながります。

Lesson 4

フランス女性の写真

写真の中で、あなたがエレガントに美しく見えるコツは、肩からウエストラインまでを斜め右、または斜め左に向け、顔は、必ずカメラの方向、つまり正面に向けます。

このボディのみを斜めにする撮り方は、ウエストに「ひねり」が自然と加わり、誰でも細くスタイルよく見せることが期待できます。この見せ方は、フランスの王侯貴族を中心にバレエの美しい見せ方を活かした教養として身につけられ、歴代のフランス王女たちも肖像画を描かせるときに取り入れていました。

マリー・アントワネット王妃の肖像画として有名なものに一輪の薔薇を手にしたものがありますが、ここでも王妃のからだは左斜めに向けて描かれています。

ボディに「斜めの角度」をちょっとつけるだけで、あなたの全身には奥行きが生まれ、いままで知らなかった写真の中の美しい自分を発見できます。とってもウイ！エレガンスなあなたに変身できます。これからは写真を撮ることが、もっと楽しくなりますよ。

Oui: élégance? Non: élégance?

足を揃えて撮る人、足を気にしないで撮る人、どちらがウイ！　エレガンス？

エレガンスなのは、「足を揃えて撮る人」です。足を揃えている人のほうが写真の中で、きれいに見えますし、きちんとした感じを与えます。

私は、よくレッスンの中で、「エレガンスは足元から始まる」とお話ししています。足元が整っているだけで、上半身、そしてからだ全体の印象までも美しく整って見えるためです。

これからお教えする美しい足元をつくる方法はカンタンです。

別名「モデル立ち」とも言いますが、パリジェンヌも自然と身につけている立ち方で、ポイントは、足の土踏まずの内側に、もう一方の足のかかとをつけるようにします。

さらに美しく見えるコツは、前足の内くるぶしがなるべく正面に向くようにして立つことです。

この足元は「バレエの3番」という足元の型でもありますが、バレエを知らなくても、だれでもすぐにでき、360度、あなたが美しく見える魔法の足元です。

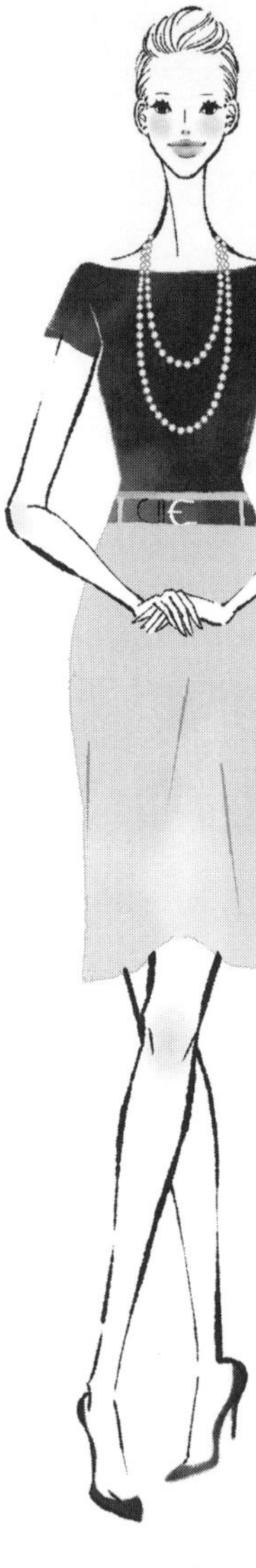

ピースをして撮る人、何もしないで撮る人、どちらがウイ！ エレガンス？

Oui, élégance? Non, élégance?

エレガンスなのは、「何もしないで撮る人」です。

何もしないで撮る人のほうが自然に美しく見えます。

フランス女性は、ピースをして写真を撮りません。

「ピースのかたちは、指の角度や見え方によって、他国ではいかがわしいサインにも見えてしまうので、それはしない」というパリジェンヌもいました。

私は、ピースをして撮る姿は、少々子どもっぽい印象に感じますので、やはり、35歳を過ぎたら、過度にピースポーズをとるより、自分の自然な表情と姿で撮るほうが、ウイ！

エレガンスだと思います。

レッスン4

「フランス女性の写真」を終えて あなたはどんな花になりたいですか?

想像してみましょう。
花のスタイルからあなたらしい美のスタイルのヒントが見出せます。
そう、まるでダリアのように華やかな、エレガンスが身につきます。

ダリアの花ことば「気品」「華麗」

Lesson
5

フランス女性の視線

相手の目線をはずす人、はずさない人、どちらがウイ！ エレガンス？

Oui, élégance? Non, élégance?

エレガンスなのは、「相手の目線をはずさない人」です。

目線をはずさず、しっかりと見て話をする姿は、ひとつのエレガントなしぐさです。

相手の目を見ることは、相手と向き合い、敬意を払ってコミュニケーションを一生懸命とっているという気持ちの表れとして、相手に伝わります。

同時に安心感も与えます。

私が知るフランス女性は、目線をはずしません。

その態度は、私のことを一生懸命知ろうとしてくださる好意的な印象に映ります。

私は、フランス語が上手に話せませんので、目をしっかり見て、まるで目線で会話をしているように、相手と向き合います。

目線をはずしたまま話されると、私のことには、あまり興味がないのかしら？　という心寂しい気持ちが膨《ふく》らみます。

目線を、できればはずしたくないけれど、恥ずかしさや怖さという精神的な影響ではずしてしまうという方は、少しずつ目線をはずさない練習をしてみましょう。

まずは、「5秒だけ見る」ことから始めてみましょう。

5秒見て、少し視線をはずす。そしてまた5秒見る。

これを繰り返していくと、目の筋肉も慣れてきて癖がつき、目線をはずす回数が減ってきます。

相手に、安心感を与えられる人こそ、ウイ！エレガンスです。

目で微笑む人、口元で微笑む人、どちらがウイ！ エレガンス？

Oui: élégance? Non: élégance?

エレガンスなのは、「目で微笑む人」です。目で微笑むと、心から微笑んでいる表情がつくれ、自然な笑顔を相手に届けることができます。口元だけ、具体的には口角だけ上げても、不思議と心から微笑んでいるように見えないのです。

目で微笑むと、実は、口元も微笑むことができます。微笑みは、顔の筋肉の動かし方のコツを知れば、すぐに自然にできるようになります。

笑い慣れていない人を観察していると、顔の筋肉が固まっていて、微笑むための筋肉が弱くなっているように感じます。

微笑むためには、顔の筋肉を使うことが大切なのです。

Lesson 5

フランス女性の視線

私は、テレビ番組に出演中など、ずっと微笑んでいると頬骨のまわりの筋肉が疲れてきます。そのぐらい、微笑むという表情をつくるためには、顔の筋肉を使っているのだということに気づきました。

それでは、目で微笑むポイントをご紹介しましょう。

笑顔の素敵な知人のパリジェンヌの表情づくりからヒントを得て、私も実践している微笑み方のひとつです。

微笑むとき、一瞬、目をクリッと大きく開きます。

具体的には、眉毛と瞼《まぶた》を、一緒にキュッと上げます。

微笑むためには、顔の筋肉を持ち上げることが大切。眉毛と瞼を一瞬キュッと上げると、顔の筋肉が上に持ち上がり、口角までも上に引き上げることができます。

目と口元の両方で微笑むことができるポイントです。

いつもエレガントに微笑んでいる人は、相手に幸せな気持ちを届けることができ、そして自分にも幸せな空気が運ばれてくる副産物を受け取ることができるようになります。自然にいつも微笑みが絶えない人は、やはりウイ！エレガンスです。

真下を見る人、斜め下を見る人、どちらがウイ！ エレガンス？

Oui, élégance? Non, élégance?

エレガンスなのは、「斜め下を見る人」です。

斜め下を見るように視線を送ると、姿勢の美しさも保てるようになります。真下を見ると、頭が下がり、首が前に出て、残念ながら猫背状態に。つまり、真下を見る人は、頭も首も一緒に下を向いている状態になるのです。

視線を送る先をちょっと意識しただけで、あなたの姿勢の美しさの良し悪しが変わるなんて、ちょっと驚きましたか？

パリに行くと私は、メトロをよく利用します。そこで、いつも感じるのが、フランス女性は、地下鉄に乗って座っているとき、真下を見ている人が少ないことです。

真下を見ると視界が狭くなるどころか、印象も閉鎖的《へいさ》に見えがち。いつも前をしっかりと見て、たたずむ姿は、自信を持った堂々とした印象を与えます。

私はパリのカフェでシャンパンを飲みながら、街並みや人々を観察するのが好きなのですが、あるとき、一人で、COFFEEを飲みながら物書きをしているパリジェンヌに目が留まりました。

その人は、姿勢を保ちながら、目線を斜め下に向けて何かを書いていました。まるで、映画のワンシーンを観ているような光景でした。

このしぐさは私がレッスンでお伝えしている目線と同じで、ポイントは2つ。

① アゴの下にリンゴ1個分の空間を保ちながら

② 瞼だけ30センチほど目線を落とす

彼女は特別な服やアクセサリーを身につけているわけでもないのですが、カフェの雰囲気とその女性が一体となって、その場には調和された美空間が広がっているようでした。

◉紅茶をいただきながらブレイクタイム

レッスン5
「フランス女性の視線」を終えて
あなたはどんな花になりたいですか？

想像してみましょう。
花のスタイルからあなたらしい美のスタイルのヒントが見出せます。
そう、まるで向日葵《ひまわり》のように明るくて元気な、エレガンスが身につきます。

向日葵の花ことば「あなただけを見つめます」「崇拝《すうはい》」

Lesson 6

フランス女性の話し方

Oui, élégance? Non, élégance?

私と言う人、あたしと言う人、どちらがウイ！ エレガンス？

エレガンスなのは、「私と言う人」です。

「私（わたくし）」という言葉づかいは、会社や目上の人など、「公《おおやけ》」のどこの場面で使っても、相手にマイナスな印象は与えにくいからです。

「あたし」は、「わたくし」という言葉づかいからくだけた一人称の代名詞として使われ始めました。

若い年齢では、若気《わかげ》の至りで通用する言葉ですが、30歳を過ぎた年齢になると周囲からは「大人の女性」として、厳しい目でいろいろジャッジされはじめます。

30歳を過ぎても、公の場で、「あたし」と言うと、「この人は大人の言葉づかいを知らないのでは？」とマイナスイメージを与えてしまいます。

いままで「あたし」と言っていた人は、「わたくし」という言葉も使えるようになると、周囲からお声がかかるチャンスも増えます。

「わたくし」という言葉づかいにもなれる人が、ウイ！エレガンスな人です。

私が、パリに行ってよく使う言葉に、「Je《ジュ》（私は）」があります。そして、いつもあるワンフレーズで自己紹介します。

「Enchanté《アンシャンテ》. Je《ジュ》 m'appelle《マペル》 YUMIKO《ユミコ》」

「初めまして、私の名前は由美子です」

「わたくしは」という言葉は、その人の存在、第一印象を決める大切な自己表現です。

言葉には、力があります。自分の存在価値を高める「わたくしは」という言葉。ぜひ大切に一声を発してくださいね。

Oui, élégance? Non, élégance?

ゆっくり話す人、早く話す人、どちらがウイ! エレガンス?

エレガンスなのは、「ゆっくり話す人」です。多くの言葉を語らなくても、言葉に重みが出て、説得力が増し、自分の気持ちが相手に伝わりやすくなります。

早口ですと、相手は急き立《せ》てられたり、責められたりしているような不快感を覚える可能性が増し、大声にもなりやすく騒々《そうぞう》しい人という印象を与えがちです。

「言葉の速度」をちょっと意識しただけで、相手に与える印象は変わります。

私が感じるフランス女性の話し方の印象は、比較的ゆっくりで、ささやくようなもの。フランス語は響きの美しい言葉といわれますが、フランス女性は、母国語に誇りを持ち、美しい響きで話すよう、日々意識しているようです。

Lesson 6

フランス女性の話し方

以前、パリにバレエ留学をする娘の入学手続きのため、娘と一緒にフランスに向かったときのことです。そのときの娘の言葉がいまでも心に残っています。

香港から、パリのシャルル・ド・ゴール空港に向かうエールフランス便に乗り換えたときに、娘が「この飛行機に乗っている外国人は静かで落ち着くね」と……。周囲から聞こえる言葉はフランス語ばかり。たしかに、ささやくような話し方はとても静かです。

娘にとっては、フランス語が、優しい響きに聞こえたのでしょう。

それでは、これから早口で悩んでいる人にオススメしているポイントを2つお教えしましょう。

① 「書くように話す」ということ

② 次の言葉を言うときに、「1秒の間」を置くこと

この「間」がとても大切です。

自分の中でも、一瞬、落ち着きを取り戻すことができる「魔法の間」です。

ありがとうございますと言う人、すみませんと言う人、どちらがウイ！ エレガンス？

Oui, élégance? Non, élégance?

エレガンスなのは、「ありがとうございますと言う人」です。

「ありがとうございます」は、とても前向きな言葉で、感謝と喜びにあふれた言葉の代表です。

「すみません」は、動詞「済む」に打ち消しの助動詞「ぬ」がついた「すまぬ」の丁寧語「すみませぬ」が元のかたちといわれています。

相手に失礼なことをしてしまい、このままでは自分の心が申し訳なく、澄みきらないことを伝えるための、謝罪を表す言葉として、次第に使われるようになりました。

謝る必要がまったくない状況なのに、自分をわざわざ低める様は、あまりエレガンスではないと感じます。

また、私が気をつけている言葉の使い方として、最後に「ん」となる言葉で、なるべく終えないようにしています。

理由は、断定的で、相手に自分の考えを押しつけているようなきつい印象を与えると感じているからです。

パリでは、レストランやお店などから立ち去るとき、必ず「Ｍｅｒｃｉ（メルシー）」という言葉が使われます。

「さようなら」の代わりになる言葉として、普通に使われています。

前向きな言葉「ありがとう」は、自分にも、まわりにも幸せが運ばれる素敵な言葉であると私は信じ、家族にも友人にもいつも頻繁《ひんぱん》に使っています。

今日から、「ありがとう」が口癖になるよう、家族や友人のあいだから、練習してみてはいかがでしょうか。

◉紅茶をいただきながらブレイクタイム

レッスン6

「フランス女性の話し方」を終えて あなたはどんな花になりたいですか？

想像してみましょう。
花のスタイルからあなたらしい美のスタイルのヒントが見出せます。
そう、まるで鈴蘭のように清楚な、エレガンスが身につきます。

鈴蘭の花ことば「幸福の再来」「あふれ出る美しさ」

Lesson

7

フランス女性のしぐさ

指を丸める人、指を伸ばす人、どちらがウイ！ エレガンス？

Oui, élégance? Non, élégance?

エレガンスなのは、「指を伸ばす人」です。

指を伸ばす人は、指先とつかんだ物が一体となって、美しく見えます。

私がフランス女性を見ていて感心するのは、パリの公園などで見かけるサンドイッチを手で持って食べるときのしぐさです。パリの街に同化し、それはあたかも1枚の絵のようです。

彼女たちが素敵に見える秘密は、サンドイッチを手で持っているときの指先が、スッと伸びていることです。

エレガントなしぐさの人は、優雅に見える「型」を知っています。

Lesson 7

フランス女性のしぐさ

私は、現在、テレビや雑誌、書籍等で、誰でもエレガントに見えるコツをお伝えしていますが、エレガントなしぐさができるようになりたい人は、実は意外に多いということに気づきました。

「でも、どのようにしたらエレガントになれるのかわからない……」

そのような人に、私は誰でもエレガントになれるためのコツをお教えしています。

それは、手の動きから変わります。

つぎに、首の動き、表情など、あなたのからだの動きに少しずつ、「エレガンスのエッセンス」を加えていくのです。

エレガントなしぐさは、日々の生活の中で練習できます。

繰り返し行うことで、からだが自然と覚えていきます。

それを実践して、自分のまわりに素敵な奇跡が起こるようになったという生徒さんを、私はいままでたくさん見てきました。

指先が美しく動かせるようになると、まるで天使や妖精が指先に宿るような感覚になります。

それでは、あなたの指先が美しく見えるしぐさの基本の型である3つのポイントをご紹介しましょう。

① 指先の関節は、縮めないこと
（いつもお団子のようにギュッと縮めるクセを直していきましょう）

② 親指は中指に沿わせるように内側に仕舞い込み、指先を揃える
（親指が広がっていると手が大きく雑な印象を与えてしまいます）

③ 人差し指だけ軽く離す

この手の基本の型は、女性らしく立体的で繊細な印象を与えることができます。

「美しいしぐさで、あなたの指先に神が宿りますように！」

普段の生活の中で、ぜひ練習してみてくださいね。

Lesson 7

フランス女性のしぐさ

Oui, élégance? Non, élégance?

タクシーに乗り込む人、タクシーに腰をおろす人、どちらがウイ！ エレガンス？

エレガンスなのは、「タクシーに腰をおろす人」です。

タクシーに腰をおろす人は、品よく見え、まわりからも大切にされます。

逆にタクシーに乗り込む人の姿は、頭から突っ込み、お尻が突き出ていて、エレガントに見えません。

パリの交通手段として、タクシーは欠かせない乗り物です。

パリでタクシーに乗ったとき、一緒に乗ったフランス女性から、乗り方がキレイだと褒められました。そのとき、フランス女性は、しぐさも大切にしているのだと感じました。

このタクシーに腰をおろすコツをマスターした私の生徒さんからは、

「タクシーの運転手さんが、ドアをわざわざ開けてくれ、丁寧な対応をしてくれました！乗り方ひとつで対応がこんなに変わるなんて、驚きました！」

という嬉しい声を聞きます。

タクシーは公の乗り物。乗るときのしぐさも「公のひとつのマナー」として心得ておくとよいですね。

運転手さんに「このお客様は、丁寧に接しなければ……」という印象を与えると、道中、気持ちよくタクシーに乗ることができます。

また知人と一緒にタクシーに乗るときにも、エレガントに乗れたら、それだけで、あなたの印象は数倍アップします。

それでは、タクシーにエレガントに乗るポイントをご紹介しましょう。

① タクシーを止めるときの手の挙げ方は、手の甲を見せるようにスッと挙げる

手のひらを見せて手を振ると、子どもっぽい印象になるので気をつけましょう。

② タクシーに乗り込むときは、最初にお尻をシートにおろすことがポイント

尾《び》てい骨から真下にストンと腰をおろします。くれぐれもドスンと腰をおろさないでください。

そして最後に足を車内に入れこみます。

早く乗ろうと思うあまり、頭と足から最初に乗る姿は、猫背でお尻が突き出てお行儀よく見えません。

練習して慣れてくると、自然にできるようになり、気がついたら、不思議とVIP待遇をいつも受けるあなたになりますよ。

日常の美しい立ち居振る舞いは、誰でも学んで身につけることができます。

どうぞ、ご自分の日々の生活をあきらめることなく、楽しみながら、実践してみてください。

Oui, élégance? Non, élégance?

ティーカップを指先で持つ人、手のひらで持つ人、どちらがウイ！ エレガンス？

エレガンスなのは、「ティーカップを指先で持つ人」です。

ティーカップを指先で持つ人は、美人度が増して見えます。ティーカップを持つしぐさが、優雅に素敵に見えると、ティータイムが楽しくなります。

フランスの文化のひとつに「ティー文化」があります。

フランスの歴代のプリンセスたちは、午後になると美味しいティーをいただくために、ティータイムをプライベートサロンで楽しむという文化です。

美味しいティーをいただくためには、当然、美しいティーカップが不可欠。そのため、ティーをいただくときのティーカップを持つしぐさも優雅でなければ、ティーサロンのお仲間に入れてもらえなかったワケです。

フランス女性が、オープンカフェで、ティーを楽しむ姿が美しいのは、そのような伝統文化が自然と受け継がれているからではないかと感じます。

私の生徒さんからもリクエストがもっとも多いのが「ティーカップを持つ美しぐさ」。友人とランチをいただいたとき、ティーカップを優雅に持って、お茶を飲むことができたら、それだけでキラリと光る素敵な女性に見えるはずです。

それでは、ティーカップを持つしぐさの基本の「型」をご紹介しましょう。

ティーカップは、指先（第一関節）だけで持ちましょう。べったりと、手のひらで持つと子どもっぽい印象になりますので、気をつけましょう。

最大のポイントは、「指先を伸ばすこと」です。

① カップの持ち手（柄の部分）は人差し指をくぐらせる
② 親指と中指でしっかりとカップを押さえ、指先は縮まらないようにまっすぐ伸ばす
③ 受け皿は、もう一方の手で、指先の第一関節で持つ

受け皿を持たないときの手の型も同様で、指先はスッと伸ばし、手の位置はみぞおちのあたりでキープすると、美しい姿勢を保つことができ、優雅に見えます。何回か練習していると、自然とできるようになりますよ。日常でお茶をいただく機会はたくさんありますので、今日からぜひトライしてみてくださいね。

◉紅茶をいただきながらブレイクタイム

レッスン7

「フランス女性のしぐさ」を終えて あなたはどんな花になりたいですか？

想像してみましょう。

花のスタイルからあなたらしい美のスタイルのヒントが見出せます。

そう、まるで霞草《かすみそう》のように可憐な、エレガンスが身につきます。

霞草の花ことば「清純」「親切」

Lesson *8*

フランス女性のテーブルマナー

Oui, élégance? Non, élégance?

食べ物に顔を近づける人、食べ物を引き寄せる人、どちらがウイ！ エレガンス？

エレガンスなのは、「食べ物を引き寄せる人」です。

食べるとき、食べ物を引き寄せる人は、食べている姿（姿勢）が美しく見えます。

私がお伝えしているエレガンスマナーは、全世界に通用するマナーであると考えています。その理念は、「エレガントな美しい動きをする」ということです。それはシンプルで合理的な動きでありながら、エレガントに美しく見える動きです。

美しい動きには、国境はありません。

さらにエレガンスマナーは、「相手に不快な印象を与えない」ということが大原則です。

フォークやナイフの位置や、どこにナフキンを置くのかという決まり事は、国によってところ変われば違います。

手で食べることがマナーであるという国もあるくらいですから。

「郷に入れば郷に従え」ということわざのように、「その土地やその環境に入ったのならば、そこでの習慣ややり方に従うのが賢い生き方である」という考えをふまえて、尚かつ、美しい動きができれば、どこに行っても恥ずかしい思いをすることなく、相手にも不快な印象を与えず、自信を持って振る舞えます。

パリのレストランに入るたびに感じるのは、フランス女性は食事の振る舞いがとてもスマートに見えることです。

彼女たちは、食事中でも、胸元（デコルテ）をなるべく相手に向けています。

あなたは、いかがですか？　食べることに夢中になりすぎて、知らずしらず、顔をお皿に近づけて、首をニュッと突き出して食べているかもしれません。

それではガツガツしているように見え、あまり美しくないですね。

〈食べるとき、食べ物を引き寄せる〉――この動きを身につけると、どこの国に行っても「食べ方の美しい人」という印象を与えることができます。

① 首筋はまっすぐのまま、食べ物を鎖骨《さこつ》に近づける（鎖骨に食べさせるイメージです）

② 鎖骨に近づけたら、真上にある口元に食べ物を運ぶ

ポイントは動線。これは、すべての食事（飲み物も）に応用でき、エレガントに見える必殺技の動線です。

Oui, élégance? Non, élégance?

フォークを使う人、フォークとナイフを使える人、どちらがウイ！ エレガンス？

エレガンスなのは、「フォークとナイフを使える人」です。

フォークとナイフを両方使える人のほうが、食事をしているときのからだのバランスも美しく見え、無駄のない美しい振る舞いができます。

マナーと聞くと、窮屈《きゅうくつ》で肩がこってしまいそうなイメージを持つ人もいるでしょう。それは、もしかしたら、決まり事にこだわった手順に、抵抗を感じるからではないでしょうか。

私がご提案するエレガンスマナーは、無駄がない美しい動線の動きなので、一度覚えてしまえば、自然とからだに馴染《なじ》んできます。

ナイフをお皿に置こうとして落としてしまった……。そんな経験はありませんか？

ナイフを落としてしまうのは、ナイフの扱い方に慣れていないからです。

ナイフとフォークを使うときに、美しい動きができるポイントをご紹介しましょう。

① 右手にナイフ、左手にフォークを持ち、食べ物をカットする
② 左手に持っているフォークを１８０度回転させ、カットした食べ物をさす
③ そのまま口に運ぶ。ものを運ぶ動線は、鎖骨から食べるように（前90ページ参照）

このフォークとナイフの扱い方は、フランス女性から教えていただきました。

常にフォークとナイフが同じ位置に保たれるので、フォークを右手に持ち変える手間もなく、カトラリーを動かす音も最小限に抑えられ、スマートで美しく食事をしているように見えます。

ちょっと練習が必要なポイントは、フォークを１８０度回転させるところです。

何回か練習するとできるようになりますので、あなたの食器の扱い方が美しくなることを楽しみながらトライしてみてくださいね。

Lesson 8

フランス女性のテーブルマナー

食べるとき音を立てる人、立てない人、どちらがウイ！ エレガンス？

Oui; élégance? Non, élégance?

エレガンスなのは、「食べるとき音を立てない人」です。

食べるときは、忙《せわ》しないということがないように、ゆっくりと落ち着いて食事の時間を楽しみたいものです。

想像してみましょう。一緒に食事をしている友人が、口の中に入った食べ物を「クチャクチャ」大きな音を立てて食べたり、食器を置く音など、ガチャンガチャンと鳴り響かせている姿を見ながら食べるのは、どんな気持ちでしょうか。

相手に不快な印象を与えないことがエレガンスマナーの基本。

「食」という字は、「人」を「良く」すると書きます。

Lesson 8

フランス女性のテーブルマナー

生きていれば、毎日摂《と》るもの。テーブルマナーが不快になっては、あなたも相手もよりよい人間になるための「食」が楽しめませんね。

フランス女性は食べるとき、音の響きを大事にします。食べ方も美しいです。

それでは、音を立てず、きれいに見える食べ方のポイントをお教えしましょう。

① 口の中に物を入れたとき唇はスッと閉じて「口を縦《たて》方向に動かすこと」

口角を横に広げると食べ物が口からこぼれやすくなるので、注意しましょう。

② 噛むリズムは、同じリズムでゆっくりと奥歯で噛む

前歯だけで噛むとハムスターの食べ方のように、細かいリズム運動になりやすく、何だか忙しそうな食べ方にも見えます。

「今日は、大事な取引先の人と会食がある」「気になる彼や、彼のお母様と食事をする」というときでも、この食べ方を身につけていたら、気後《きおく》れせず自信を持って食事ができますよ。

レッスン8

「フランス女性のテーブルマナー」を終えて あなたはどんな花になりたいですか？

想像してみましょう。
花のスタイルからあなたらしい美のスタイルのヒントが見出せます。
そう、まるで桃のように誰にも好かれる、エレガンスが身につきます。

桃の花ことば「気立ての良さ」「天下無敵」

Lesson 9

フランス女性の歩き方

カニのように歩く人、フラミンゴのように歩く人、どちらがウイ! エレガンス?

Oui, élégance? Non, élégance?

エレガンスなのは、「フラミンゴのように歩く人」です。

膝やふくらはぎのあいだから、向こうの景色が見えないように、まっすぐ足を出して歩く姿はエレガントです。

カニのように歩く人とは、カニのように脚が横に広がっている姿から呼ばれるようになった歩く姿で、一般的には、ガニ股といいます。肩や頭が、上下・左右に動きやすく、バランスが取りにくい歩き方です。もちろん歩く姿も美しく見えません。

自分の歩く姿に気づかず過ごしている方は多いように感じます。

この機会に、自分の歩く姿を鏡の前でチェックしてみてください。

Lesson 9

フランス女性の歩き方

パリの街を歩くフランス女性は、歩き方が美しいです。脚を広げて歩かず、膝と膝の内側同士を擦《す》るようにして歩いているので、ガニ股には見えません。内股になることもありません。

フラミンゴのようにまっすぐ歩くポイントは、前に1歩出すとき、後方の足のつま先の前に、前方の足のかかとを着地させて歩くと、脚がスラっとまっすぐに見えます。

この歩き方は、O脚をカバーできるので、O脚で悩んでいる人にもオススメの美しい歩き方です。

Oui, élégance? Non, élégance?

背筋を伸ばして歩く人、前屈みで歩く人、どちらがウイ！ エレガンス？

エレガンスなのは、「背筋を伸ばして歩く人」です。そのスタイルは街に溶《と》け込んで、美しい景色の一部をなしているかのようです。

街に立ち並ぶ建物や木々のラインはほとんどが直線です。背筋を伸ばして歩くことで、その直線に調和するので、ウイ！エレガンスになるわけです。

フランスの世界遺産で有名なヴェルサイユ宮殿。その創設者、フランス王ルイ14世は、たいへん美意識が高かった王として有名でした。

ルイ14世は容姿に恵まれなかったために、そのコンプレックスから、所作や振る舞いを意識して、セルフプロデュースすることで、魅力ある自分を表現したといわれています。

Lesson 9

フランス女性の歩き方

「美しい宮殿に住んでいる人間もまた、美しくあらねばならない」というポリシーを掲《かか》げ、姿勢よく宮殿を歩くために、踊るためのバレエではなく、美しく立ち、歩けるための「ハイヒールを履いて歩くための教養のバレエ」を貴族社会の必須科目として、定着させたのでした。

そのポリシーはいまも受け継がれて、パリのチュイルリー公園を歩く人、ビクトルユーゴ駅近くのパン屋さんでクロワッサンを買う人……どの人も背筋がピンと伸びています。

ハイヒールを履き、背筋を伸ばして歩くポイントは、次の通りです。

① アゴの下にリンゴ1個分の空間をつくり、目線を下げないこと

② 内股にして歩かないこと

内股で歩くと、骨盤が広がり、重心が外側加重になり、グラグラ不安定になり、前屈《かが》みになりやすいので気をつけましょう。

Oui, élégance? Non, élégance?

腰で歩く人、膝で歩く人、どちらがウイ! エレガンス?

エレガンスなのは、「腰で歩く人」です。

腰で歩く人は、圧倒的に、脚が長く腰高に見えます。その姿の美しさは横から見たときに一目瞭然です。とくにパンツやジーンズ姿のときは、脚のラインの格好よさが際立《きわだ》ちます。膝で歩いている人は、膝頭が前に出て、膝を曲げて歩いています。

以前、フランス人やその他の外国人の、何人かの友人から同じことを指摘されて、「はっ」と気づいたことがありました。

それは、「日本女性は、なぜ膝を曲げてヒョコヒョコとまるでアヒルみたいに歩くの?」という質問でした。

その質問を受けてから、私は日本女性の歩き方を観察してみました。

すると、たしかに膝が曲がって、ヒョコヒョコ歩いている人が多いのです。

日本女性は、世界でも「人気のある国の女性」です。歩き方で、もっと日本女性の印象がよくなったら、国際的な仕事や活動に就《つ》いている人には、きっと喜んでいただけるかもしれないという気持ちが私の心の中で次第に強くなりました。

「ハイヒールを履きたくても上手に履けない人のためにお手伝いをする啓蒙《けいもう》活動ができたら」と、私は「社団法人日本ハイヒール協会」を立ち上げました。

これまでレッスンで指導した多くの人は、自分の歩く姿を見たことがないといいます。自分がどんな歩き方をして毎日過ごしているか、知らぬまま過ごしているのです。

「知人から歩き方が変と言われてレッスンに来ました」という方もいらっしゃいますが、そのような方は案外少ないのです。レッスンを受けてはじめて、「自分はこんな歩き方をしてきたのか」と気づく方がほとんどでした。

歩くという動きは、人が元気に過ごすための大切な基本動作。

「エレガンスは足元から始まる」というエレガンスの基本理念。どんなにファッションが格好よく決まっていても、歩く姿が美しくなければすべてが台無しです。
それぐらい歩く姿は美しさに大きな影響を与えているのです。
ハイヒールで美しく歩くポイントは２つ。

① お腹に力を入れて歩く

② 地面に足を着地させたときに、両膝をギュッと伸ばす

パリの街並みをハイヒールを履いて颯爽《さっそう》と歩ける人は、ウイ！エレガンスです。

紅茶をいただきながらブレイクタイム

レッスン9

「フランス女性の歩き方」を終えて あなたはどんな花になりたいですか？

想像してみましょう。
花のスタイルからあなたらしい美のスタイルのヒントが見出せます。
そう、まるで百合《ゆり》のように誇り高い、エレガンスが身につきます。

百合の花ことば「純粋」「威厳」「華麗」

Lesson 10

フランス女性のハイヒール

ハイヒールを履いている人、ハイヒールに履かれている人、どちらがウイ！ エレガンス？

Oui, élégance? Non, élégance?

エレガンスなのは、「ハイヒールを履いている人」です。

ハイヒールを履いている人とは、ヒールの高さがあるハイヒールがからだの一部のように見え、自然と美しい歩行ができている状態です。

ハイヒールに履かれている人は、足とハイヒールがフィットしておらず、ぎこちない状態。いわばハイヒールが主《あるじ》で、あなたがハイヒールの奴隷《どれい》になっているような状態です。

ハイヒールを履く本当の目的は、あなたの美しさを引き出すため。主導権は、あなたになくてはならないのです。

あなたがハイヒールの奴隷にならず、主人でいるための大切なポイントをお話ししましょ

Lesson 10

フランス女性のハイヒール

う。

それは、「美しく歩くためのハイヒール」と、「美しく見せるためのハイヒール」は違うというポイントです。

多くの女性が、ハイヒールのかたちやデザインを主に選びます。

あなたが美しく快適に履ける靴かどうかで選ぶのは二の次。これが、ハイヒールの奴隷になってしまう落とし穴です。

美しく快適に履くことを望んでいる方は、これから、お店で靴を選ぶときには、デザインよりも快適に歩けるものを選びましょう。

お店で、10分ぐらい試《ため》し履きをして、どこも痛くなかったら買ってください。

チェックポイントは、足指が縮こまっていたらNG！　です。

街やメトロを歩くフランス女性の足元は、とてもシンプル。デザイン重視ではなく、太めで安定感がある歩きやすそうなヒールです。日常でピンヒールやミュールで歩いているフランス女性を探すのが大変なくらいです。

Oui, élégance? Non, élégance?

ハイヒールの音がコツコツする人、カンカンする人、どちらがウイ！ エレガンス？

エレガンスなのは、「ハイヒールの音がコツコツする人」です。

ハイヒールの音がコツコツする人は、正しいハイヒールの履き方を知っている人です。

あなたは、自分のハイヒールの音を気にかけたことはありますか？

ハイヒールの正しい着地の仕方をしていると、音が優しくなります。

反対に、カンカン鳴り響くヒール音の人は、履き方を知らず、ただ履いているだけの人。

そんな方を見かけると、ハイヒールの素晴らしい効果が得られておらず、とてももったいないと私は思ってしまいます。

ハイヒールの素晴らしい効果を知りたい！ という方に、これからポイントをご紹介します。

Lesson 10

フランス女性のハイヒール

それは、「着地はつま先から」（慣れていない場合はつま先とかかとが同時着地でＯＫです）。

ヒールの細いタイプは、とくに不安定になりやすいので、ハイヒールはかかとから着地しないよう心得ておきましょう。

つま先から着地するように練習すると、重心が前方に進みやすくなるので、姿勢よく歩けるようになります。

フランス女性にとって、ハイヒールは、ファッションを成立させるためになくてはならない重要な美のアイテム。ＴＰＯに合わせた履き方、つまりハイヒールのドレスコードを心得ていて、メトロで、ピンヒールやミュールを履いてカンカンヒール音を立てて歩いているフランス女性は、まず見かけません。

ヒールの音もやわらかで、ハイヒールと服がバランスよくマッチしている女性は、ウイ！エレガンスです。

Lesson 10

フランス女性のハイヒール

Oui: élégance? Non: élégance?

ハイヒールはからだに悪い履きものと思っている人、からだを美しくする履きものと思っている人、どちらがウイ！ エレガンス？

エレガンスなのは、「ハイヒールはからだを美しくする履きものと思っている人」です。

それはヨーロッパで発祥したハイヒールの歴史から見ても明らかです。

フランス女性にとって、ハイヒールは、いつまでも自分を美しく魅せる特別な美のアイテムです。

そもそもハイヒールが履かれるようになった目的は、

「ドレスのラインが美しく見える」

「背が高く見える」

「スタイルがよく見える」

これらの目的を叶《かな》える美のアイテムとして、中世ルネッサンス時代にハイヒールは誕生しました。

さらに、ハイヒールを美しく履きこなすには、足の指を伸ばすこと、かかとをギュッと引き上げて足の裏に筋肉をつけることが必要と考え、バレエの動きのメソッドを体系化し、ハイヒールの履き方に取り入れた人物が、ヴェルサイユ宮殿を築いたフランス王、ルイ14世です。

ハイヒールは足指が縮まっていたり、靴の中で、指同士が重なり合っていたら、まったくと言っていいほど、快適に履きこなすことはできません。

足指が伸びていると、足指5本に均等に力が入り、「踏ん張り」がきく足になります。その状態によってバランスよく歩行ができるようになるので、実は腰痛や肩こりなども軽減できます。

「ハイヒールをできることなら美しくラクに履きこなしたい」と願っている方に、ハイヒールが履けるようになるためのエクササイズをひとつご紹介しましょう。

それは「足指伸ばしエクササイズ」。

① 足指を前方に引っ張って

② 引っ張ったまま足指を天井のほうに向けて指関節を動かす

足指1本ずつ丁寧に行ってください。両足1分以内でできます。

バスタイム中にカンタンにできてオススメです。マメや指の擦りむきで悩んでいる人にも効果的です。

◉紅茶をいただきながらブレイクタイム

レッスン10

「フランス女性のハイヒール」を終えて あなたはどんな花になりたいですか?

想像してみましょう。
花のスタイルからあなたらしい美のスタイルのヒントが見出せます。
そう、まるで牡丹《ぼたん》のように麗《うるわ》しい、エレガンスが身につきます。

牡丹の花ことば「風格」「高貴」

Lesson 11

フランス女性のファッション

服のバランスがいい人、服がアンバランスな人、どちらがウイ！ エレガンス？

Oui, élégance? Non, élégance?

エレガンスなのは、「服のバランスがいい人」です。

エレガンスは、調和とバランス。全身のシルエットバランスのよさが、エレガントな美しい着こなしの基準です。

フランス人の友人たちに、「ファッションで気をつけていることは？」と聞くと、必ずと言っていいほど、「バランス」という答えが返ってきます。

私の家の玄関には、全身が映る大きな鏡があります。それは幼少の頃からで、鏡好きだった父の影響によるものです。そのおかげで、私は外出の際、必ず、靴を履いた全身を最終チェックしてから出かけます。

Lesson 11

フランス女性のファッション

鏡の前で、靴を履いて、もし、バランスが悪ければ、すぐに着替え直すこともあります。

フランス女性のファッションコーディネートで、私が素敵だと感じる部分は、バランスのよい着こなしをしているという点。とくに、冬のジャケット・コートの着こなし方は抜群《ばつぐん》です。

冬は防寒のため素材も分厚く重たくなりがちなコートですが、自分の身長や体形に合ったものを選んでいるフランス女性のコート姿は、とても格好よく素敵に見えます。

自分の体形を知り尽くしているからこそ、誰と比較することもない、自分らしいファッションスタイルを表現できるのです。

一点豪華主義の人、すべて豪華主義の人、どちらがウイ！　エレガンス？

Oui, élégance? Non, élégance?

エレガンスなのは、「一点豪華主義の人」です。

一点豪華主義の人のファッションコーディネートは、統一感が生まれやすくなり、自然に身につけているように見えます。

いかにも「つけています！」という主張は、エレガンスには必要なく、全体として見ても、そこだけが浮き上がって見えがちです。あくまでも、からだとファッションが一体に見えるようにコーディネートできる、それこそが「ウイ！エレガンス」の基本です。

フランス女性のファッションでは、シンプルで、キラリと光る一点を身につけている方を多く見かけます。

Lesson 11

フランス女性のファッション

そのコーディネート力は、幼少から自然と身についているのでしょう。娘がパリにバレエ留学中、同期のパリジェンヌの学生さんたちのファッションコーディネートがとても素敵で、いまでも私の脳裏にやきついています。

とても15歳に思えないほど、大人の女性に見えました。

どんなコーディネートだったかというと、一点豪華主義で着こなしていたコート。日本ではあまり見かけない、レースやベルベットをあしらったコートでした。

コートに合わせた色合いを組み合わせたパンツスタイルが、彼女のからだにマッチして、際立って美しく見えました。

彼女のお隣にいたお母様のパリマダムも、やはり同じく一点豪華主義。シンプルなニットのワンピースに、織の美しい豪華なストールをさりげなく巻いていました。

母から娘へ……フランス女性は、普段の生活の中で、エレガントな感性が自然と受け継がれ、次第に身につくようになるのかもしれませんね。

デザインで選ぶ人、シルエットで選ぶ人、どちらがウイ！ エレガンス？

Oui, élégance? Non, élégance?

エレガンスなのは、「シルエットで選ぶ人」です。

シルエットで選ぶ人は、スタイルがよく見えます。

エレガントな着こなしは、服も美しく、そして、それと同じくらいからだも美しく見えることが大切。どんなにデザインがよい服を着ていても、スタイルが悪く見えてしまったら、服の素晴らしさも半減して見えてしまいます。

そこで、私は、シルエットが美しくスタイルがよく見えるアイテムとして、「ベルトづかい」をオススメしています。

ウエストの「くびれ」を出すと、女性らしい曲線が生まれ、からだには凹凸《おうとつ》ができるので、シルエットにある種の表情が生まれます。

フランスを代表するプリンセス、マリー・アントワネットの時代より、フランス女性の美しさのひとつとして「ほっそりした腰（ウエスト）」が挙げられます。

ウエストにくびれをつけて、緩急《かんきゅう》のシルエットをつくり、からだを立体的に見せる見せ方です。

いま、日本でも人気のミモレ丈のスカート。このミモレとはフランス語で、「ふくらはぎの中央ぐらいの長さ」という意味。フランス語に由来するファッション用語ですが、上品でエレガントな装《よそお》いを演出しやすいという特徴があります。

そのミモレ丈のスカートにベルトをあしらった着こなしは、昔からフランス女性の女性らしいファッションの定番です。

フランスを代表するファッションデザイナー、クリスチャン・ディオールは、このミモレ丈で一世を風靡《ふうび》しました。第二次世界大戦直後、１９４７年にブランドを設立し、ディオールが発表したウエストをキュッと絞り、腰にかけて膨らみを持たせたミモレ丈のあの有名はシルエットのことを、「ニュールック」と世界中のメディアが呼びました。フランス

Lesson 11

フランス女性のファッション

ファッションを代表する、もっともエレガントなシルエットといわれています。

女性の本来のボディラインの美しさに合わせ、緩急をつけたシルエットデザインの服。ボディと服のバランスがとれたコーディネートができれば、あなたも、ウイ！エレガンスです。

◉紅茶をいただきながらブレイクタイム

レッスン11

「フランス女性のファッション」を終えて あなたはどんな花になりたいですか？

想像してみましょう。

花のスタイルからあなたらしい美のスタイルのヒントが見出せます。

そう、まるで椿《つばき》（カメリア）のように潔《いさぎよ》い、エレガンスが身につきます。

椿の花ことば「気取らない魅力」「控えめな美徳」

Lesson

12

フランス女性の色づかい

色数を多く使う人、色を制限して使う人、どちらがウイ！ エレガンス？

Oui, élégance? Non, élégance?

エレガンスなのは、「色を制限して使う人」です。

パリの街並みを見ると、それは一目瞭然です。

パリの街は、とても美しいです。その理由のひとつは、色を制限して使っているからだと見ています。

街全体の色合いが調和されているので、とてもエレガントに感じます。

街を見渡すと、赤、黄色、青、オレンジなどの個性豊かな色をいくつも使った看板などは、まず見かけません。

自分だけの店が目立つような看板を掲げるところは、パリでは、ノン！エレガンスです。

Lesson 12

フランス女性の色づかい

個々を大事にしながら、まわりの調和を重んじる在り方は、まさに「パワフル・エレガンス」。パワフル・エレガンスとは、「自分100％の幸せ」に「相手100％の幸せ」が合わさる「究極のハーモニー（調和）」のことです。パリの街が世代を超えて人気なのは、「パワフル・エレガンス」な街だからと私は感じております。

フランス女性のファッションを見ていると、色の配色が3色以下の人が多いです。たまに、3色以上の配色のフランス女性を見かけますが、でも、それが統一感があり、バランスよく見えるので、まったく「度派手」には見えないのです。

フランス女性のファッションを見て、私が感じた配色のテクニックのポイントとしては「明度・彩度が合った色を使う」ことです。

このポイントを押さえて色選びをすると、バランスよくまとまって見えますし、何色も使った場合でも、統一感のある色合いに見えます。私も、取り入れている色の使い方です。

Oui, élégance? Non, élégance?

自分に似合う色を知っている人、知らない人、どちらがウイ！　エレガンス？

エレガンスなのは、「自分に似合う色を知っている人」です。

自分に似合う色を知っているフランス女性は、年を重ねても、変わらずオシャレで美しく見えます。

自分に似合う色とは、肌の色がきれいに見える色のことです。つまり、自分の肌の色がきれいに見える色をフランス女性は知っています。

パリの街を散歩する熟年のマダムの服の色は、さまざま。ピンク、グリーン、イエローなど、日本の熟年のご婦人には、あまり見かけない色です。でも、それがとても似合っているのです。

Lesson 12

フランス女性の色づかい

人間の肌の色は、加齢とともに、くすみがちになってきます。肌の色が明るく見えると、元気に若々しく見えるのもたしかです。

若いパリジェンヌは、ブラウン、ボルドー、ブラックなど、意外とシックな色を着ています。熟年のマダムは、白、ピンク、パープルなど、「マカロンカラー」といわれる淡く明るく柔らかな色をお召しの方が多いようです。

肌の色と服の色が一体と見える「バランスのよい色」を知れば、ウイ！エレガンスです。

私がオススメする日本人の肌色と服が調和する万能カラーは、ベージュです。ベージュという色は、肌の色に近く、肌と服が一体となって見えやすく、さらに明るく女性らしい印象を与えることができるエレガントな色の代表色なのです。

やや色白派の人には、ピンクベージュ。やや色黒派の人には、イエローベージュがオススメです。

自然と調和する色を選ぶ人、自分が好きな色を選ぶ人、どちらがウイ! エレガンス?

Oui, élégance? Non, élégance?

エレガンスなのは、「自然と調和する色を選ぶ人」です。自然と調和のとれた色を選ぶと、見ていて安心感を与えることができます。

参考にしたい自然界の色は、四季の移り変わりにともなう色調。

海・山・川・草木・花々の色が移りゆく様の色の調べ。

春にはピンクなど、花々の美しい色に合わせた服を着たくなるのは、人間の豊かな感性の表れだと思います。

フランスを代表するピンクの色には、「ローズ・ポンパドール」というオシャレでキュートなピンクがあり、オススメです。

Lesson 12

フランス女性の色づかい

夏には真っ青な空の色を見ると、元気が出ます。フランスを代表するオススメの青い色は、「ブルーデゥコートダジュール」と呼ばれる色で、夏の南仏ニースの紺碧《こんぺき》の空色を醸《かも》し出す色です。

そして秋には、やがて紅葉していく葉や果実の色合いを彷彿《ほうふつ》させるフランスを代表するワインの色「ボルドー」の色に魅せられます。

冬になると、からだの温まるチョコレートドリンクを好むフランス女性。冬のオススメの色はチョコレートドリンクを連想させる「ショコラ・カラー」です。

そのほかに、私が好きなフランスカラーは、シャンパンの色合いから生まれたシャンパンゴールド、フランス女性の肌の色からインスピレーションを受けたといわれ、シャネルが愛したシャネルベージュ、フランスを代表する印象派の画家、クロード・モネの絵画の中の配色にも、よく使われているグレージュです。

フランス女性のファッションセンスが「素敵！」と感じるのは、このように、自然界や季節に合わせた色の服を選ぶ感性を大切にしている伝統が引き継がれているからなのではと感じます。あなたはどんな季節の色合いを参考にしますか？

レッスン12

「フランス女性の色づかい」を終えて あなたはどんな花になりたいですか？

想像してみましょう。
花のスタイルからあなたらしい美のスタイルのヒントが見出せます。
そう、まるでコスモスのように嫋《たお》やかな、エレガンスが身につきます。

コスモスの花ことば「調和」「乙女の純真」

Lesson 13

フランス女性のアクセサリー、小物づかい

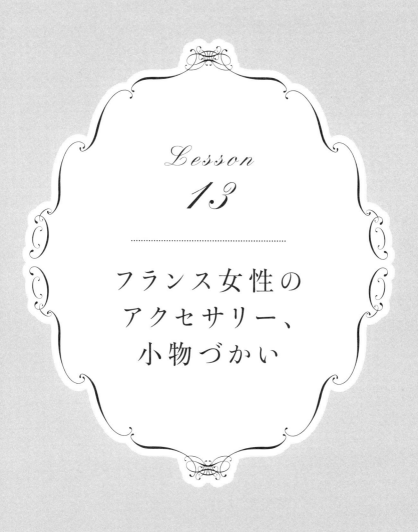

Oui, élégance? Non, élégance?

ブローチをつける人、ブローチをつける位置にこだわる人、どちらがウイ！ エレガンス？

エレガンスなのは、「ブローチをつける位置にこだわる人」です。

ブローチをつける位置にこだわる人は、自分のからだがスマートに美しく見えるシルエットを知っています。

ブローチはつける位置によって、スタイルがよくも悪くもなる小物。つけるベストな位置がわかれば、あなたを美しく見せてくれる美の武器になりますよ。

つける位置は「美の黄金分割」を利用します。

ピラミッドやパルテノン神殿などの歴史的建造物や絵画、自然界の中にも見出すことのできる法則です。

Lesson 13

フランス女性のアクセサリー、小物づかい

「美の黄金分割」は、「1対1・618」という微妙な対比を配分することで、バランスよく美しいスタイルができるという比率。私は、それをからだに当てはめ、「美の黄金律」といっています。

つまり、美の黄金律に近づけた比率で、小物をつけていくと、自分自身を8頭身美人に近づけることができるという考え方です。

上半身に当てはめてみると、頭の天辺《てっぺん》から首の付け根あたりまでがおよそ1、首の付け根からおへそぐらいまでが1・62になります。

私は、ブローチをつける位置は、「美の黄金律」を取り入れることをオススメしています。その比率を理解してつけると、上半身、さらに全身までもバランスがとれた、輝くデコルテ（胸元）をつくることができます。

ブローチは古代ヨーロッパの時代から、服や襟元を「留める」目的で使われていました。フランス女性は、スカーフやマフラーがバサバサ動かないよう、ブローチを使って、ピシッと胸元を留めて品のよいスタイルをつくるのが上手です。

それでは、ブローチのつけ方のポイントをひとつお教えしましょう。

それは、あなたのからだに「美の黄金律」が生まれるよう、「鎖骨ライン」につけることです。

慣れていないと、かなり上のほうにつけていると感じるかもしれませんが、鏡に映してみると、からだとブローチが一体となった美しいバランスが生まれ、エレガントな「ブローチ美人」のあなたがそこには見えますよ。

Oui, élégance? Non, élégance?

スカーフを巻く人、スカーフを使う人、どちらがウイ！ エレガンス？

エレガンスなのは、「スカーフを使う人」です。

スカーフを使う人は、自分の美しさが引き立つよう「使い方」を知って装っています。

スカーフは、首筋や顔まわりが美しく映えるために装う小物。もともとは、「防寒」から始まった首巻でした。

フランス王ルイ14世の時代では、女性というよりは男性の紳士貴族たちに、「首元の飾り」として愛用された必須小物だったようです。

それが次第に、スカーフは洋服や女性の雰囲気をさりげなく魅力的に演出する道具として、フランス女性の日常で活躍するアクセサリーへと変化していきます。

フランス女性は、スカーフの使い方が上手です。

気候も影響していると思いますが、夏場でもパリでは朝晩の気温差があるので、スカーフをいつもバッグの中に入れていると、ちょっと肌寒くなったときの防寒になり、重宝《ちょうほう》します。ジャケットを持ち歩くより、バッグの中にコンパクトに入るスカーフを持っているほうが、スマートですから。

私は、パリに行くときは、服は1〜2着で、スカーフを5〜6種類は持参していきます。自在にアレンジできるスカーフは、私にとってても便利なおしゃれアイテムです。

スカーフは使い慣れていないという方に、オススメの使い方をご紹介しましょう。

初心者の方には、スカーフは、正方形よりも長方形タイプのほうがアレンジしやすく幅広い使い方ができます。

まずは、あなたの首筋が美しく見える使い方を練習してみましょう。

ポイントは、スカーフをクルクルとツイスト巻きにして細目の幅にすること。

スカーフと首の幅の比率を1対1・62の「美の黄金律」となるよう身につけると首がほっそりして見えます。

Lesson 13

フランス女性のアクセサリー、小物づかい

あなたの首ラインとスカーフのバランスが美しく保たれ、ウイ！エレガンスです。

上級編は、スカーフとブローチの合わせ技ができる人。さらにゴージャスさを演出できますよ。

首全体を覆い隠すように巻くと、首が短く見えて「ノン！エレガンス」になってしまいますので、気をつけてくださいね。

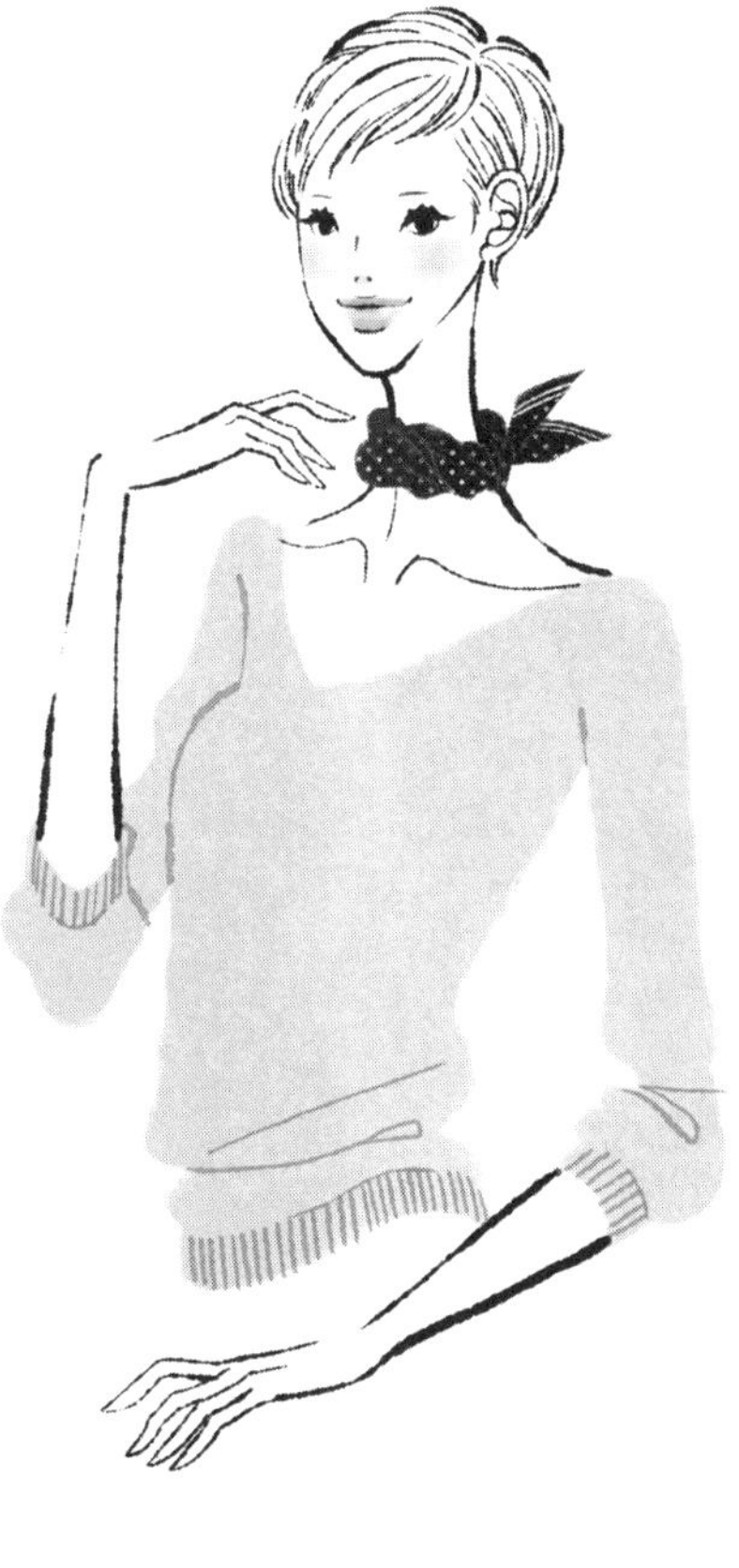

帽子をかぶる人、帽子を合わせる人、どちらがウイ！ エレガンス？

Oui, élégance? Non, élégance?

エレガンスなのは、「帽子を合わせる人」です。

帽子を合わせる人は、帽子だけが浮かない、まとまりのあるファッションコーディネートが生まれ、帽子が似合うスタイルになっています。

フランス女性のファッションの特徴として、帽子を合わせるスタイルは定番。フランス女性の帽子の合わせ方はとても自然で、顔の一部のように合わせています。

帽子が、フランスファッションになくてはならないアイテムだったことはフランスの有名デザイナーの歴史を見ても明らかです。

日本でも大人気の「Coco Chanel（ココ・シャネル）」は、1910年に、パリのカンボン

Lesson 13

フランス女性のアクセサリー、小物づかい

通り21番地に「シャネル・モード」という名で帽子専門店をオープンしたのがデザイナーとしての始まりでした。

また、不動のエレガンスモードといわれている「Jeanne Lanvin（ジャンヌ・ランバン）」はシャネルより前の1889年にパリのフォーブル・サントノーレに帽子デザイナーとして創業したのが始まりです。

帽子のファッションは、中世フランスの時代、王侯貴族の小物の象徴として広く身につけられ、一般化していきました。

私も帽子好きで、ファッションや自分の顔の輪郭に同化したデザインのものを日頃から合わせています。

帽子をさりげなく合わせるポイントは、次の通り。

① まわりに邪魔にならないよう、肩幅から出ない小さめのつばのものを選ぶこと

② つばを少し斜めにし、眉毛に沿わせてかぶる

顔と帽子が一体となって見えることが大切です。

Lesson 13

フランス女性のアクセサリー、小物づかい

私は、フランスに行くと、大抵、フランス人に声をかけられます。

「あなたはどこの国の人？」

「とてもエレガントなスタイルで似合っている」

そんなふうに言っていただけるのは本当に嬉しいです。

私の日常の定番のファッションスタイルは、帽子・スカーフ・ブローチ・ハイヒール。

この4種のアイテムをバランスよく身につけることで、フランス女性も一目おいてくださるコーディネートができると自信をもって、あなたにもお伝えします。

◉紅茶をいただきながらブレイクタイム

レッスン13
「フランス女性のアクセサリー、小物づかい」を終えて あなたはどんな花になりたいですか?

想像してみましょう。
花のスタイルからあなたらしい美のスタイルのヒントが見出せます。
そう、まるでカトレアのように魅惑的な、エレガンスが身につきます。

カトレアの花ことば「優美な貴婦人」「魅惑的」

Lesson 14

フランス女性の香り

自分の香りを持っている人、自分の香りがわからない人、どちらがウイ！　エレガンス？

Oui, élégance? Non, élégance?

エレガンスなのは、「自分の香りを持っている人」です。

自分の香りを持っている人は、自分らしい美を見出す感性が鋭《するど》い人です。

私は13年間ほど、香りの学校の校長を務めた経験があります。

香りとは、目に見えないファッションです。

香り＝空気＝雰囲気（オーラ）。それをまとうことで、目に見えないあなたの美しさを引き出し、あなたのエネルギーを高めてくれるものです。

オーラは、「香気」「輝き」などを意味するラテン語の「ａｕｒａ（アウラ）」に由来します。つまり、自分の香りを持っている人は、オーラも輝きやすい人であるというのが、私の持論です。

自分の香りを知りたい！　持ちたい！　と願う人にポイントをいくつかご紹介しましょう。

①　春夏秋冬、それぞれのマイフレグランスを持つ

香りのまとい方の基本として、香りも「衣替え」が必要なため、春夏秋冬用として4本、「マイフレグランス」を持てると理想です。

②　選ぶ目安は、「匂いのタイプ」を参考に

春の匂いは、柔らかなフローラル系、夏はすっきりシトラス系、秋はしっとりフローラルウッディー系、冬は個性豊かなスウィートフローラル系。

まずは、春と秋、2本の自分らしい香り選びからトライしてみてはいかがでしょうか。

春と秋は、気候的にも、おしゃれをしたくなる季節。

「わぁ！　この香り好き！」と心から思える匂いが、あなたのエネルギーを高めてくれる

フレグランスです。

フランス女性は、自分の香りを持っています。

フランスでは、母親が娘の結婚のときに花嫁道具として香水を持たせる習慣があったりと、生活の中に、当たり前のように使われています。

意外と知らないのが保存法。自分の好きな香水を長く持たせたい方は、日の当たらない冷暗所に、パッケージに収めて保存してくださいね。

買ってすぐにパッケージを捨ててしまわないよう、気をつけましょう。パッケージに収めて保存すると変色を防ぐことができますので。

私にとっても、なくてはならない美のアイテムの中に「香水」があります。目に見えない美しさも表現できる人は、ウイ！エレガンスです。

Oui, élégance? Non, élégance?

男性用の香りも楽しむ人、ひとつの香りにこだわる人、どちらがウイ！ エレガンス？

エレガンスなのは、「男性用の香りも楽しむ人」です。

男性の香りも楽しめると、夫や彼など異性の好みや傾向を知ることができますし、円満な関係を生み出すコミュニケーションにも役立ちます。

また、さまざまな香りの系統を知ると、自己表現しにくい内に秘めた内面の自分の特徴を香りで表現できるようにもなります。

私は、香りをつけない夫に、ある環境づくりをしました。加齢臭で、まわりを不快にさせてしまう「嫌われ中年男性」になっては可哀想……という思いからです。

ある環境づくりとは、「玄関に香水を飾る」ということ。玄関を出るときに、私がつけるので、自然と夫もまねて香水をつけるようになりました。しかし、絶対に押しつけないでくださいね！　環境が習慣をつくってくれますので。

そのおかげで、夫の好みも理解できましたし、いまでは、香水をつけないと服を着忘れたと思うくらい、夫にとっては香水が必須アイテムになったようです。

以前、可愛らしいパリジェンヌが、キリッとした香水をつけていたので、どんな香水かとたずねたら、「ゲランのヴェチバー」という答えが返ってきました。

ゲランのヴェチバーという香水は、男性用香水の代表です。でも、彼女にはとても似合っていました。外見の甘さの中に、芯の強さも兼ね備えた内面を持った女性という印象を受けました。

ひとつの香りにこだわらず、いろいろなものを試して、最終的には、自分らしい匂いをまとえる人、そんな人は、ウイ！エレガンスです。

Oui! élégance? Non. élégance?

香るような人、香りがキツすぎる人、どちらがウイ！ エレガンス？

エレガンスなのは、「香るような人」です。

香りがキツすぎる人は、周りとの調和に欠けた人に見られがち。私は不快なにおいは時に「香害《こうがい》」になると感じておりました。

まわりの人にも配慮して香水を身につけている人が、ウイ！エレガンスです。

香りがキツすぎる人は、香りの性質や基礎知識がないまま、ただ、香水をムダに振りかけている人が多いように感じます。

香りの性質として、次のことを覚えておきましょう。

① 下から上に香る（香りの初心者の人は、スカートのすそ裏や上着の裏地下部分につけるのがオススメです）

② 気候や湿度によって、同じ香りでも違って香ってしまう

この香りの性質をまず押さえて、つけるだけでも自ら発する香害を防ぐことができます。いままで、まわりから、「香水が強い！」と言われてしまって悩んでいたという方、安心してくださいね。

ところで、クリスチャン・ディオールの「プワゾン」という香水をご存じでしょうか。

私が若かりし頃、１９８０年代の後半に、日本で「プワゾン」が大流行。でも「香りがキツすぎる」ということで、有名になった香水です。

この頃、日本はバブルといわれた時代、経済も右肩上がりで、憧れの街パリに旅行で訪れる日本人も増えました。そのとき、フランスで発売されたばかりの「プワゾン」をパリのお土産に日本に持ち帰った方が多かったのでしょう。

そしてパリで買ったプワゾンをつけて、満員電車で通勤することになるわけですが、そ

のために、「プワゾンはキツい」というマイナスイメージが強くなってしまったようです。

プワゾンは、パリでつけると、ライトフローラルに感じますが、パリに比べて湿度の高い日本では、重厚なフローラに感じてしまいます。

だから湿度の高い日本では、シュッ！　とワンプッシュでOKのところ、香水をつけ慣れていない女性は、つい、シュッ！　シュッ！　シュッ！　シュッ！　と、何度もプッシュしてしまったのでしょう。

湿度の違いで、香り方が違うことを知っていれば、「プワゾンがキツい」という印象にはならなかったと思います。プワゾンは、本来は美しい香りなのですよ。

レッスン14

「フランス女性の香り」を終えて あなたはどんな花になりたいですか?

想像してみましょう。
花のスタイルからあなたらしい美のスタイルのヒントが見出せます。
そう、まるで金木犀《きんもくせい》のように香《かぐわ》しい、エレガンスが身につきます。

金木犀の花ことば「謙虚」「真実の愛」

Lesson
15

フランス女性の美容（メイク＆ヘアー＆ネイル）

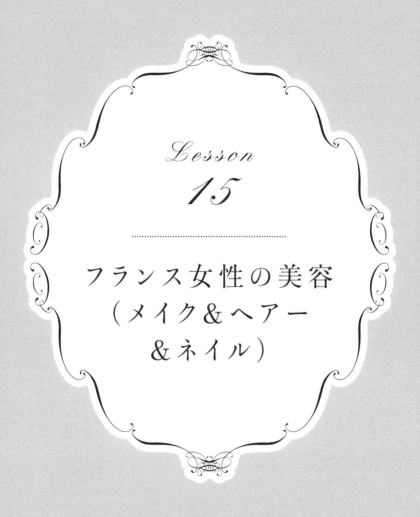

近所の外出でもメイクをする人、しない人、どちらがウイ！ エレガンス？

Oui: élégance? Non: élégance?

エレガンスなのは、「近所の外出でもメイクをする人」です。

メイクをするということは、昔からフランス女性の身だしなみのひとつとされてきました。

「メイクをしないで表に出るというのは、服を着ないで裸で表に出るのと同じくらい恥ずかしいこと」とヨーロッパでは古くから伝えられてきました。

つまり、メイクをするということは、人前に出るためのエチケットだったわけです。

化粧をする大きな目的は、肌の色をよく見せること、相手に具合が悪いのではという気を遣わせないよう顔色をよく見せるため、そして、肌を守るためでした。フランスのメイ

Lesson 15

フランス女性の美容（メイク&ヘアー&ネイル）

クのはじまりは、派手に着飾る表面的な美容が目的ではなかったのです。自分の肌をよく見せ、相手の気持ちも配慮する化粧の目的は、まさにウイ！エレガンスです。

あなたが外出先で、メイク等を直す場所は「トイレット（toilet：化粧室）」ですよね。その言葉のもとは、フランス語の「toilette（トワレット）」です。意味は、「身なりを整える」です。

つまり現代のトイレットは身だしなみを整え、相手に不快な印象を与えぬよう、表に出るための支度《したく》の場なのです。

ちょっと余談になりますが、香水の種類の「Eau de Toilette（オードトワレ）」という名称も「toilette（トワレット）」から来ています。

オードトワレの意味は、「身だしなみを整える水」です。つまり、オードトワレは「身だしなみを整えるもの」という美容アイテムだったので、フランスでは大流行したわけです。

フランス女性のメイクはナチュラルです。そのポイントは、歴史的な目的が受け継がれているのでしょうか、「チークをさすこと」です。

チークをさすことで、顔色がグンとよくなるからです。

いま日本でも人気のコスメ「レ・メルヴェイユーズ・ラデュレ」は、フランス革命後、自由と新しいエレガンスを求めたフランス女性が、もっとも大切にしていたメイクの表現美「チーク」に着目したコスメです。

あのフランス菓子、マカロンで有名な「ラデュレ」のコスメブランドです。

「チーク」をさせば、肌の色、顔色が明るく立体的に見えるという歴史的なフランスメイクの目的を、ブランドストーリーとしたラデュレコスメ。私の好きなコスメのひとつです。

Oui: élégance? Non: élégance?

朝、後ろ髪を鏡でチェックする人、しない人、どちらがウイ！ エレガンス？

エレガンスなのは、「朝、後ろ髪を鏡でチェックする人」です。自分が見えにくい箇所にまで、気を配る美意識を持てているからです。

私たちは、悲しい性《さが》ではありますが、自分の肉眼でいちばん確認できないところが、後ろの部位です。

エレガンスは、調和とバランス。前だけでなく自分では確認しづらい後ろの部位にも、バランスよく美を表現できることがトータル美を表現するうえで、大切です。

後ろの部位にも、美を保っていられるための必須道具として、私は鏡を挙げます。

世界中を驚かせた鏡の間で有名なフランスのヴェルサイユ宮殿。美意識の高かった王ルイ14世の命でつくられた鏡の回廊《かいろう》。長さ約75ｍ、幅10ｍ、高さが12ｍの規模を持ち、壁には578枚の鏡が張られています。

当時、鏡の間は、宮殿の中でももっとも人が行き交《か》う公の場で、一説では、どこから見ても自分の姿がチェックできるよう配されたともいわれています。

ヴェルサイユ宮殿ほどではありませんが、私のプライベート空間には、30枚ほどの鏡を配しています。

もちろん毎日、大きな鏡の前で、手鏡を持ち、後ろ髪を鏡でチェックしています。

ヘアースタイルの本として最初に書かれたといわれている古代ヨーロッパの書物には、

「自分の顔の形に合わせたヘアースタイルを選びなさい。それには、あなたの前にある鏡がよい相談相手になってくれる」

と記されています。

あなたを素敵に導いてくれる「〈鏡〉という先生」を今日から大いに活用して、後ろのヘアースタイルチェックに、役立ててくださいね。

Oui: élégance? Non: élégance?

爪を整えている人、爪を気にしない人、どちらがウイ！ エレガンス？

エレガンスなのは、「爪を整えている人」です。

爪を整えている人は、末端・細部にも配慮ができる意識を持っています。

しかし、爪を整えると言っても、華美にすることではありません。

フランス女性のネイルは、シンプルです。

赤1色、ピンク1色といった単色の色使いが基本。あくまでも、自分のファッションスタイルと調和したネイルカラーで爪を整えています。

爪のオシャレ、マニキュア（manicure）は、ラテン語の「手（manus）」と「手入れ（cura）」が語源です。

手（爪）は、古くはヨーロッパの教養として大事なからだの部位でした。

手（爪）でその人の器量が知れるといわれ、女性の身だしなみのひとつとされてきました。ネイルはその語源の通り、飾り立てたネイルではなく、爪のお手入れ程度で、十分エレガントです。

私がオススメしているネイルのおしゃれは、指と爪が一体と見える塗り方。

2色使い&キラキララメを施《ほどこ》したシンプルなネイルです。

塗り方も、「美の黄金律」を取り入れます。

ポイントは爪の甘皮部位から、爪甲《そうこう》と呼ばれる部位のちょっと上ぐらいまでを透明のネイル（比率1・62）、そのあたりから、爪先までを淡いピンクやベージュのネイル（比率1）となるよう、グラデーションをつけて塗ります。

最後にラメを少し散らします。指の延長線上に、キラキラ輝く爪が伸びていて、手先も長く見えます。でも、爪を伸ばしすぎて、爪の音がカチャカチャ鳴る姿は、ノン！エレガンスです。

Lesson 15

フランス女性の美容（メイク＆ヘアー＆ネイル）

◉紅茶をいただきながらブレイクタイム

レッスン15
「フランス女性の美容（メイク&ヘアー&ネイル）」を終えて あなたはどんな花になりたいですか？

想像してみましょう。
花のスタイルからあなたらしい美のスタイルのヒントが見出せます。
そう、まるで菫《すみれ》のように凛とした、エレガンスが身につきます。

菫の花ことば「誠実」「小さな幸せ」

Lesson 16

フランス女性の花

Oui, élégance? Non, élégance?

花一輪を大切にする人、花束を飾る人、どちらがウイ！　エレガンス？

エレガンスなのは、「花一輪を大切にする人」です。

花一輪を大切にできるようになると、「花のある生活」づくりが自然とできる習慣が身につきます。

いままで、花など飾ったことがないけれど、ちょっと飾ってみたいという方にオススメは、まずは、花一輪を「マイデスク」に飾ってみることです。

花一輪でしたら、お花の水替えも、面倒なくできます。

エレガンスは、無理をしないこと。

いまの自分の生活環境に合わせ、調和がとれるような範囲からトライしてみることが大

Lesson 16

フランス女性の花

切です。

パリには、街中の路面に、お花屋さんがたくさんあります。

フランス女性はお花が大好き。花とグリーンの植物を買って、自分でアレンジすることも上手にできます。

私は、パリに行ったときに、いつも花を日本に持って帰りたいと思います。街のお花屋さんを彩《いろど》る美しくディスプレイされた花の色合いがとても美しく、私の心をワクワクさせてくれるからです。

先日、パリのマドレーヌ寺院の近くに滞在していたとき、寺院の裏手にある花屋さんで、ピンクの薔薇《ばら》一輪とグリーンを買って、滞在中、ホテルの部屋に飾っていました。

その一輪のお花のおかげで、外から部屋に戻ったとき、まるで自分の部屋のように安心感が広がりました。

花を一輪飾ることは、パリのホテルにいながら、安心した自分の居場所がつくれる一工夫のポイントです。

部屋を花で飾る人、部屋に花を置かない人、どちらがウイ！　エレガンス？

Oui, élégance? Non, élégance?

エレガンスなのは、「部屋を花で飾る人」です。

部屋を花で飾る人は、心の状態に、すこし「余裕」を持てている人だと感じています。

忙しく日々追われて過ごしているときは、まわりの環境にまでなかなか目が行き届かず、視野が狭くなっていることが多いです。

私は仕事をしながら子育てに奮闘していた30代前半の頃、部屋を花で飾ることをすっかり忘れていたときがありました。

「忙」という字は、「心」を「亡」くすと書きます。まさに自分の心がすっかり抜けていたのです。

Lesson 16

フランス女性の花

そんなとき、当時2歳だった娘が気づかせてくれました。公園にお散歩に行く途中の道端で、「たんぽぽ」が咲いていました。娘はしゃがみ込んで、「きれいね」と言い、たんぽぽを家に持ち帰りたいというのです。

娘とたんぽぽをいくつか摘んで持ち帰り、自宅のダイニングテーブルの上に飾ったとき、何とも温かい優しい気持ちが溢《あふ》れました。部屋を花で飾ることで、自分を取り戻すことができたことを思い出します。

パリに行くとパリジェンヌが、日曜日の昼下がり、ワインとフランスパンと花を手に、パリの街を歩く姿が、素敵な光景として私の目には映ります。

フランス女性にとっても、自分の部屋を花で飾る生活習慣は、もしかしたら、心に栄養を与え、自分らしく生きるための素敵なおまじないのようなものかもしれない……と想像してしまいました。

Oui, élégance? Non, élégance?

花を育てる人、花を枯らしてしまう人、どちらがウイ！ エレガンス？

エレガンスなのは、「花を育てる人」です。

花を育てる人は、暮らしぶりが丁寧です。言い方を換えるなら、花を育てる人は、暮らしぶりが丁寧になる心が育《はぐく》まれるようになります。

パリが「花の都」と言われる理由は、フランスは、古くから花々を愛《め》でる国として知られ、とくに薔薇が愛されてきた国だといってもいいでしょう。

薔薇の文化は、フランス王侯貴族をはじめ、いまの時代まで深く根づいています。

歴史上もっとも有名なフランス王妃であるマリー・アントワネットも、一輪の薔薇を手にしている肖像画があります。

Lesson 16

フランス女性の花

マリー・アントワネットは、薔薇を愛し、薔薇を育てる庭園に力を注いでいた王妃。王妃という立場におけるさまざまな重圧を乗り越えるために、心身のバランスを保つために、花を育てることに意識をむけていたという説もあります。

花は見返りを求めない美しさを放っています。

花は、ただただ一心に咲いているから、人の心に響くのだと思います。

無心に花を育てるという行為は、「何事においても愛でる純粋な心」を育んでくれているのだと感じます。

私は、花を枯らしてしまったときは、「優しく愛でる心が、萎《しぼ》んではいなかったかしら?」と自らの心の在り方を省《かえり》みます。

花を育てることで「心のエレガンス」を取り戻すことができます。

レッスン16

「フランス女性の花」を終えて　あなたはどんな花になりたいですか？

想像してみましょう。
花のスタイルからあなたらしい美のスタイルのヒントが見出せます。
そう、まるで薔薇のように愛に包まれた、エレガンスが身につきます。

薔薇の花ことば「愛」「温かい心」「美」

Lesson
17

フランス女性のアイデンティティ

自分が好きと思っている人、自分が嫌いと思っている人、どちらがウイ！ エレガンス？

Oui, élégance? Non, élégance?

エレガンスなのは、「自分が好きと思っている人」です。

フランス女性は、自分が好きと思っている人が多く、そのためでしょうか、自信に満ち溢れているように感じます。まずは、自分を受け入れ、自分を愛する心を持てるようになることが、「心のエレガンス」を育む第一歩です。

唯一無二の自分を好きになれると、唯一無二の〈自分らしさ〉を知ることにもつながります。それによって、自分に合う生活スタイル、ファッションスタイルを選ぶ感性（センス）もよくなってきます。結果、「自分らしい生き方」までも、できるようになっていけます。

自分とは何者であるかというアイデンティティを知るために、さあ、いまからご一緒にある作業をしてみましょう。自分を、もっと好きになるための作業です。

あなたが自分で自分のことを「なかなか素敵！」と感じることを、いま、3つ書き出してみましょう。もし、わからなければ、本音で言ってくれるご家族か、知人にたずねてみてください。

以前、自分に自信がなく、素敵なところを見つけられないという生徒さんに、「指がとても美しいから、指を輝かせる工夫をしては？」とアドバイスしたことがあります。

その生徒さんは、自分の指が美しいなんて考えたこともなかったそうですが、自分で見直してみて、「たしかにきれいな指だな」と思えたそうです。

すると指を輝かせる工夫が楽しみになったそうです。

ネイルをしたり、指先の所作を磨いたり……その生徒さんは、結果、自分らしい美のスタイルもわかるようになっていきました。

美は伝染します。ひとつ、自分の好きなところがわかり、それを磨いていくと、ほかのところまで磨かれはじめます。

Oui, élégance? Non, élégance?

コンプレックスがある人、コンプレックスがない人、どちらがウイ！ エレガンス？

エレガンスなのは、「コンプレックスがある人」です。

「コンプレックスの数だけ、美しくエレガントになれる」と私は考えています。

私が幼少の頃からめざしていたバレエの世界は、全身で美を表現しようとする人たちの集まり。その中で私は「身長が低い、顔が丸く、ボテッとしている、腕も短い……」とコンプレックスだらけでした。

鏡に映るレオタード姿の自分を見るたびに、まるで拷問《ごうもん》でも受けているような気持ちになり、いつも落ち込んでいました。

でもバレエ仲間の中で、「この人は、コンプレックスなどないでしょう」と思うほど素敵な人にもコンプレックスがあることを知って驚きました。

コンプレックスは、誰にでもあるということに、そのとき気づいたのです。

それからです。私は、自分のからだを、まるで顕微鏡をのぞくように観察し、身長は少しでも高く（首筋と背中を伸ばす努力をしました）、顔が小さくシャープに見えるように（肩と耳たぶの幅を広く保つ工夫をしました）、腕がスッと長く見えるように（肩甲骨から腕を動かす努力をしました）、コンプレックスと向き合うことで、「自分を最大限に美しく見せる方法」に気づくことができたのです。

このときから私は、「努力は才能に変わる」ということを体現し、自分にだんだん自信が持てるようになってきました。

コンプレックスに向き合うには、少しの勇気がいることでしょう。

しかし、勇気を出してコンプレックスを受け入れたあとには、かならず、素晴らしいご褒美《ほうび》があります。

それは、「ゆるぎない自分軸を知る」「自分に自信が持てるようになる」というご褒美です。

私が尊敬しているフランス女性は、コンプレックスを「魅力」に変えるのが上手です。首に消えないアザがあるのがコンプレックスだった彼女は、首が美しく見えるように、スカーフが自分の首の一部となるような素敵な使い方をいつもしていました。

スカーフは、いまや彼女の魅力を倍増させるアイテムであり、トレードマークになったそう。それも首のコンプレックスがあったおかげだと、彼女は素敵な笑顔で話してくれました。

Oui, élégance? Non, élégance?

他人と比較する人、しない人、どちらがウイ！ エレガンス？

エレガンスなのは、「他人と比較しない人」です。

人と比較をしない人は、唯一無二の自分を知り、自分に自信を持っています。

「エレガンスな心」を育むうえで大事なのは、「自分の心の癖」を、まず知ることです。

「私はすぐに、人と自分を比べてしまう」という人は、それも「いまの自分の心の癖である」ということを知ってください。

でも安心してください。いまからでも、その心の癖を変えることができますので。

「他人と自分を比べる」ことを続けていくと、いつしか心の中で、いつも「不協和音」が鳴り響き、人を妬《ねた》むような心が芽生えはじめます。

そのような「不協和音の心」をいつも響かせていると、その響きが不穏な叫びとなり、表情や雰囲気を通して、相手に伝わります。

それは次第に人間関係にも表れ、ぎくしゃくとしはじめます。結果、あなたに還ってくるのです。その状態は、きっと自分でもつらいと感じることでしょう。

自分が「心穏やか」ではないことが起きたり、感じたりすることは、「すべて自分の心がつくり出しているのだ」ということを、まずは知ることが、人生をラクに生きるための秘訣です。

フランス女性は、「自分が好き」という人が多く、自分と他人を比べ、自分の存在価値を低めるようなことはしません。

人と比較をする「心の癖」を、直したいと望んでいるのでしたら、これからあるオススメの「躾《しつけ》」をご紹介します。

「しつけ」と聞くと、きつい印象を持たれる方もいるでしょう。でも「しつけ」は漢字では「身」を「美しく」と書く、素敵な言葉であると私は感じています。

私がオススメの「躾」、それは、「15分の早起き」です。

Lesson 17

フランス女性のアイデンティティ

フランス女性は、「自分の時間」を大切にします。

1日に使える自分の時間は、多忙な現代人には、とても貴重です。

「15分、早起きするという行動」が、あなたがいままで変えたいと思っていた「心の癖」に変化をもたらしてくれるきっかけになります。

その15分は、どうかあなたの身が美しくなるために、まずは使ってほしいのです。

他と比較をしない心になるための「躾」は、大人女性だからこそできる自分磨きの習慣だと思います。

◉紅茶をいただきながらブレイクタイム

レッスン17

「フランス女性のアイデンティティ」を終えて あなたはどんな花になりたいですか？

想像してみましょう。
花のスタイルからあなたらしい美のスタイルのヒントが見出せます。
そう、まるで桜のように精神性の高い、エレガンスが身につきます。

桜の花ことば「精神の美」「優美な女性」

おわりに――

自分と目の前の相手を幸せにするエレガンスの奇跡

「姿勢」から「ボディ」「話し方」「しぐさ」「ファッション」、そして「アイデンティティ」まで、17のテーマに分けて、「エレガンス」についてお話ししてまいりました。

フランス女性は、自分の好きなところももちろん知っていますが、短所もきちんと理解しています。短所を理解しているので、短所が目立つスタイルを選ばないようにしているわけです。

長所と短所は切っても切れないもので、どんな人にも、その両方が内蔵されています。その長所と短所の関係を、私は「光と闇の法則」と呼んでいます。光を長所、闇を短所に見立てた自然界の在り方を参考にして、レッスンでも伝えています。

闇（短所）があるから、光（長所）が際立つのです。

イメージしてみてください。

暗闇の中に、一筋の月の光が差し込むと、その光は非常に美しく見えます。

光だらけの中には、月の光の美しさはまったく映《は》えません。

闇のおかげで「影」ができるので、さらに月明かりが際立ち、美しく見えるのです。

私たち人間も同じ。長所は、闇とも言うべき短所があって、はじめて、より光輝くと。そして影が、あなたの深みとなるのです。

短所は、長所を光らせてくれる土台。短所は、ありのまま、そのままにしておきましょう。隠す必要はありません。

なぜなら、長所も短所もあなたの魅力。

そう、長所と短所は、じつは双子のような存在。いつも背中合わせで、あなたの中にあるのです。

この両方の特徴がうまく溶け合う人は、ウイ！エレガンスな人です。

私がご提案している「エレガンス」は、調和・バランスをベースにした自然な在り方をめざしています。

〈心（内面）とからだ（外見）〉のバランス
〈美しさと健康〉のバランス
〈仕事と生活〉のバランス
〈ファッションとスタイル（姿勢）〉のバランス

自分を取り巻く環境に、エレガンスのエッセンスを少し散りばめて、バランスのとれた自然な自分を見出していただくきっかけとなる一冊になればという思いをこめて、この本を書きました。

これまで美に携わる仕事をする中で、私は長年「１００歳までエレガンス！」を掲げ、取り組んできました。
その理由は「エレガンス」には、年齢制限はなく、年を重ねるごとに深みが増し、人を豊かに輝かせる無限大の美であると思ったからです。

私がいままで幅広い世代のフランス女性のエレガントで素敵なところを目にして感じた結果、「それぞれの世代に合ったエレガンスがある」ということを発見しました。そして私は、世代ごとに「エレガンスの時期」があり、とても興味深いと感じ、自身で、以下のように名づけています。

20代までは「エレガンス成長期」
30代は「エレガンス適齢期」
40代は「エレガンス開花期」
50代は「エレガンス全盛期」
60代以降は「エレガンス熟練期」

あなたは、いま、どの時期にいらっしゃいますか?
あなたの中にあるエレガンスの才能は目覚めると、生涯にわたり、さまざまな表情でキラキラと輝き続けることができるのです。

最後になりますが、私がめざす究極のエレガンスは「パワフルエレガンス」です。

「自分100%の幸せ」+「相手100%の幸せ」

それが「パワフルエレガンス」です。

個々が自由に弾《はじ》け、エネルギーに満ち溢れてイキイキしていること、それでいて自分さえよければいいという片方の幸せだけを考えているのではない状態。

自分、相手、環境の調和を重んじているバランスのとれた「究極な様」が、私がめざす「究極のエレガンス」=「パワフルエレガンス」なのです。

あなたの明日が、パワフルエレガンスな一日になりますように。心からお祈りしております。

マダム由美子

［著者プロフィール］

マダム由美子

（まだむ・ゆみこ）

エレガンシスト。
日本ハイヒール協会理事長。
ハイヒール研究家。
中世西洋文化研究家。
香水研究家。
恵泉女学園卒業。
6歳からクラシックバレエをはじめ
舞踏歴37年。
バレエの要素を取り入れたエレガントな歩き方・
立ち居振る舞い指導のパイオニア。
独自のフィニッシングメソッド
「プリマ・エレガンスコース」は、
延べ4000人以上が受講し、
例外なく美の変化が得られると
好評を博している。
現在、東京・大阪・名古屋で
コース・レッスンを開講。
主な著書に『ハイヒール・マジック』（講談社）、
『1%の美しい人がしているたったこれだけのこと』
『誰からも大切にされる人の美しい話し方』
（WAVE出版）、
『奇跡のエレガンス・ポーズ ダイエット』
（青春出版社）などがある。

公式ホームページ
http://www.madame-yumiko.com/

フランス女性に学ぶ
エレガンス入門

「自分スタイル」をつくる17のレッスン

2016年11月1日　初版第1刷発行

著　者
マダム由美子

発行者
櫻井秀勲

発行所
きずな出版
〒162-0816
東京都新宿区白銀町1-13
電話03-3260-0391
振替00160-2-633551
http://www.kizuna-pub.jp/

装画
吉岡ゆうこ

ブックデザイン
福田和雄(FUKUDA DESIGN)

編集協力
ウーマンウエーブ

印刷・製本
モリモト印刷

ISBN978-4-907072-77-3

きずな出版